U0825931

礼仪中国

Chinese Traditional Etiquette

海英 著

北京师范大学出版集团
BEIJING NORMAL UNIVERSITY PUBLISHING GROUP
北京师范大学出版社

目录

壹◎正容体、齐颜色

举止仪表篇

贰◎辨方位而正则

向位礼仪篇

叁◎不学礼，无以立

社交礼仪篇

饮食礼仪篇

肆◎宾之初筵，温温其恭

人生礼仪篇

伍◎守礼循善，礼俗相交

壹

举止仪表篇

正容体，齐颜色

坐容

坐姿入席，敬为上

维坐容，背欲直，貌端庄，手拱臆。仰为骄，俯为戚。毋箕以踞，攲以侧，坚静若山乃恒德。

——《幼仪杂箴·坐》

古人的坐姿与现代人的坐姿，完全不一样。

古有云："站有站相，坐有坐相。"古人无论在哪种场合，都有着一套极为严格的坐姿规范，不会坐或乱坐，都属失礼行为。《论语·宪问》就记载了有关坐姿失礼"原壤夷俟"的小故事：

> 一次，孔子和他的学生们从外面回来，刚一进门，就看见自己的老友原壤，两腿前伸、岔开着懒散地坐在席上等着他，气得夫子当场训斥道："幼而不孙弟，长而无述焉，老而不死，是为贼。"大概意思是说，你看看你啊，从小不守礼，不懂规矩，对兄长、朋友也不尊敬。等长大了，该有些长进了吧，可没想到，你还是老样子那么不懂礼。对家庭、对社会也没有什么贡献，没有什么可以称道的。行，这也就罢了！你有幸活到现在，都一大把年纪了，何况你还是一名知识分子，仍然这么不守礼。唉，看看你自己，这和田里的害虫有什么两样。夫子边说边用手杖敲了敲原壤伸着的腿，一来是提醒原壤，在年轻

人面前，你摆出这么一副粗俗无礼的样子，年轻人看到了，影响多不好啊！二来呢，我想夫子也是顺便敲打给身边的学生们看的吧，希望日常的行为举止，要恭敬有礼！

从这个故事中我们可以看出，像原壤这样随性的坐姿，在古代，尤其是在大庭广众之下，是极其不尊重他人的一种失礼行为。为什么这么说呢？古人凡事都讲究中正、规矩，举手投足都需端正谦和，正所谓“故始有礼仪之正，方可有心气之正也”，一个人内心中正和气，自然而然就会外显在自己的言行举止上，古人认为，这才是一个君子该有的表现。所以，即使是一个简单的坐姿，背后也暗含着一门大学问，同时也为我们了解先祖日常生活当中的民风仪俗，开启了一扇大门。

首先，让我们从古人的“席地而坐”开始学习吧！

“席地而坐”这种姿势，对于现代人来说并不陌生，但也只是一知半解，到底正确的坐姿是什么样子的呢？先秦时期是没有凳子的，那个时候的座位，就是一张席。古人席地而坐，其实就是在地上铺席，人跪坐在上面。百姓的起居生活，基本上都处在一个平面状态下，日常的吃饭、议事、睡觉等，都是席地而坐、择地而卧。正因为有了这样的生活方式，才有了后世的“筵席”“寝不安席”这

上图◎ 唐·孙位《高逸图》

些形象生动、极富生活化的词汇。

据史料记载，我们的祖先席地而坐的生活方式，从商周时期开始，历时两千多年直至唐代，甚至还完整地被复制到了当时的朝鲜和日本，直至今日，日、韩等国仍然保留着席地而坐的姿势。

◎ 席的介绍

在说“坐”姿之前，我们先了解一下席地而坐要用到的最重要的用具之一——“席”。

古人日常起居时用到的席，根据用途，大致分为两种：一种叫筵，一种是席。

筵 它的作用，类似于我们今天室内铺的地板、地毯，面积一般很大。古人把它铺在室内地面的第一层，目的就是要起到隔潮的作用，而且还整洁、美观。最早的筵，多用竹子编制。在古代，室内能铺上筵的，一般都是家庭条件不错的人家，而对于下层的贫困庶民来说，是铺不起筵的。那地面怎么隔潮呢？既然铺不了筵，就铺草蓐，也不失为一种好办法。

所以，古人入室前必须先脱鞋，以免鞋上的污泥尘土踏脏室内的筵。当然，进穷苦贫民的家，既然没有筵，也就用不着脱鞋了！

席

古人坐下时，会在身下垫上席。在今天诸多古装影视剧中，我们也都能看到，古人平时起居生活使用的家具，不像我们现代人使用的家具品种多样、摆设复杂。在汉代以前，古人室内的家具很简单，主要就几样：席、床榻、几、案等。其中，席在古代坐卧家具中是使用最早的，大多用蒲草编成，形状偏长方形。古人坐下时，会把席直接放在筵上，垫在身下，供坐卧铺垫使用。席虽说面积不大，但能与地面隔潮，还能让人长时间坐着舒服。同时，也因为可舒可卷，随用随设，轻巧又灵便，受到普遍的欢迎。[注1]

对于古代权贵富族们来说，起居室必有席。有时候，为了显示自己的身份，铺席也拼奢华范儿，把家里的席装饰得非常华美。贵族们还会根据季节变化，冬天铺暖席，夏季铺凉席。凉席，大多用竹、藤、苇、草编成，个别还用上了丝麻加工编制的凉席。而暖席，则多以棉、毛、兽皮做成，既舒适又暖和。如此一来，在上层社会里就形成了一种观念：该铺席时却不铺席，是有失贵族礼仪风范的！

【注1】胡德生：《中国古代家具》，上海文化出版社1992年版，第33页。

既然铺席如此重要，那么经济条件比较好的家庭就要比普通百姓家，在席礼上讲究得多，比如请尊长、贵客坐正席时，就会在地上的大席上再加铺一张小席，为的是让对方坐得舒服一些，这种铺席方式又叫“重席”。而经济条件相对差一点的家庭，家里来了贵客，即使铺不起重席，也会为其单独铺一席，这种特殊的席位，又称“贵宾席”。

还有更高级别的席礼，那就是最高统治者——天子之席。据《周礼·春官·宗伯》记述，最早在周天子时代，宫里专设一官职，叫“司几筵”，专门掌管铺陈事宜，包括对五几（玉几、雕几、彤几、漆几、素几等）、五席（莞席、藻席、次席、蒲席、熊席等）的名称和种类的辨别，以及用途和陈设位置的管理，等等。比如，每次举行大朝觐、大飨礼和大射礼之时，司几筵会严格按照礼制规定，在王的席位后面，设置屏风，屏上绣有黑白相间的斧形花纹。在屏的前面，也就是朝南的方向，会铺设莞草席，上面还会加铺一层五彩蒲席。在蒲席上面，再加上一层桃枝竹席。然后，在席的左右两端，摆设玉几，以示王的至尊地位。

由此看来，在古代，铺席陈设不单单是舒适的问题，同时也是一种身份的象征。据《礼记·礼器》记述：“天子之席五重，诸侯三重，大夫两重。”你看，即使有权有钱，也不是你想铺几重就能铺上几重席的！当然，这只是对士阶层以上权贵们的要求，至于寻常百姓、贫困人家，就没这么多讲究了，有钱就铺，没钱铺不上席，就地而坐也没关系，不算失礼。

◎ 坐姿种类

从古籍文献来看，古人坐姿方式的变化，在时间上大概一分为二。自上古时期到隋朝，人们采取的都是跪坐方式；唐宋之后，随着人们生活方式的改变，席地而坐的姿势，也慢慢演变成为了椅坐方式。

不论方式怎么改变，但古人对坐姿的讲究，那可是容不得半点马虎的。什么场合用什么坐姿，分得非常清楚。根据具体的场合，按具体的情景和交流对象，坐姿的范围、种类具体分为坐、跪、箕、蹲等不同的姿势。

正坐

正坐，又称平坐、经坐、安坐或正襟危坐。古人在正式场合一律采用正坐姿势。《孟子·正义》云：“礼者，所以正身也。”可以说，正坐是我国古代最端正、最恭敬、最符合礼仪的一种雅坐，也是“正人君子”之坐态，是古代帝王、卿大夫、士人们平时饮食、社交的标准坐姿。

那么正坐到底是怎样一种坐姿呢？汉代大儒贾谊的《新书·容经》篇里，就有对正坐的详细叙述："坐以经立之容，胻不差而足不跌"，尚秉和在《历代社会风俗事物考》中提到："古之坐自膝以下向后屈，而以尻（kāo）坐于足上。"大意是说，正坐时，双膝跪地，且双腿平置向后，脚背着地。两腿不能伸得一长一短，更不能交叉。臀部需要轻落在脚后跟上，同时重心微微向上提起。整个姿态，两肩要端平，后背挺直，双手规矩放于膝上，神情庄重，目视前方。贾谊对正坐姿势讲解得十分清楚，所以《新书·容经》在当时也成为了王公贵族子弟们学习优雅仪态的最佳实训教材。

其实通过贾谊对正坐的描述，我们不难看出，古人的正坐不同于跪，姿势看似轻松，其实要坐稳当，那还是需要技巧的：

> 首先，正坐时，臀部需稳稳地落在脚后跟上。如果臀部不落在脚后跟上，这叫跪，不叫坐。
>
> 其次，上半身的重心，不能完全都重重地压在脚后跟上。如果整个上半身需要三分力的话，正坐时则需要均匀支配力度。三分之一的重量，落在脚后跟上；另外三分之一的重量，由大小腿来支撑；最后三分之一的重量，由腰、后背来支撑就好。

对页图◎ 男子正坐

最后，男女双手的放置也有区别。男子正坐时，双手不敛，掌心向下或握拳，分别平放在大腿靠近膝盖处即可。而女子的双手，则需敛手垂拱，或掌心向下，右手叠于左手之上，自然放于身前，起到遮压衣裳的作用。

说到这儿，也许有人会问，在古代不论长幼尊卑，一律都得这个正坐姿势吗？其实，古人也不是时刻都是如此的。在社交场合，根据交流对象的身份地位，正坐时的俯身深浅和视线高低，也会有所区别。贾谊在《新书·容经》篇里，对这种正坐姿势的区别具体做了说明："视平衡曰经坐，微俯视尊者之膝曰共（通'恭'）坐，仰首视不出寻常之内曰肃坐，废首低肘曰卑坐。"

贾谊根据不同的俯身程度和视线位置，把正坐又细分为经坐、共坐、肃坐、卑坐。

经坐：正坐时，不用俯身，视线平视对方即可。经坐姿势其实就是正坐，一般用于双方身份、地位相等、相近或平辈之间，也可用于独坐。

共坐：正坐时，头微低，视线向下微俯约 15 度即可。尤其是与尊者交流、倾听对方说话的时候，目光需要自然地落在对面尊者膝盖处的位置。共坐，一般用于下级对上级或独坐时用。

男子正坐

女子正坐

上图◎　男子正坐手位图

下图◎　女子正坐手位图

对页图◎　女子正坐

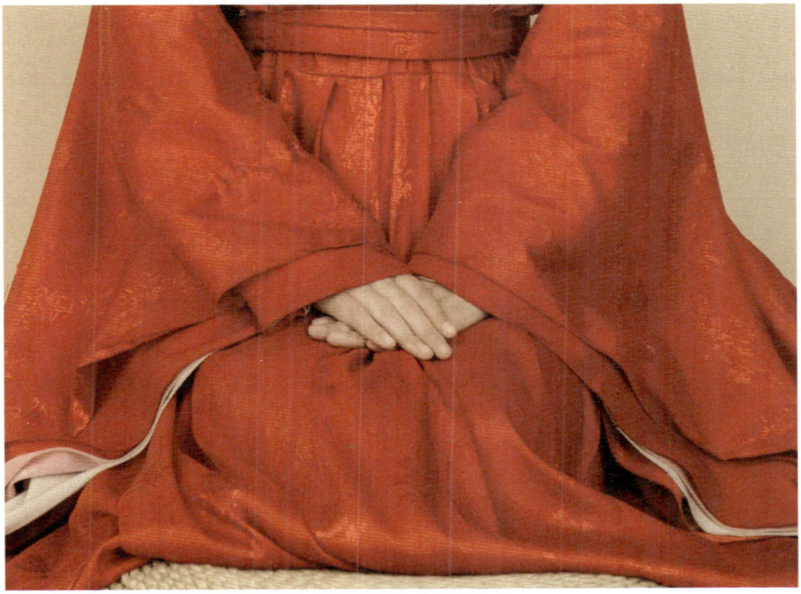

对页图◎ 正坐侧面

肃坐：正坐时，稍低头，目光不超出对面尊者身边数尺远。肃坐一般是晚辈对长辈的礼节。

卑坐：正坐时，头完全低下来，视线落在尊者身体前方的地面上，同时手肘下垂。这是仆人对主人的坐姿，同时也是用于表达歉意、谢罪时的一种姿态。

虽说古代的正坐，会根据不同的交流对象，有不同的细微差异，但是先秦时期的正坐，并没有我们现在所理解的那样，带有卑微、低下、顺从的特殊含义在里面。人们不论是会亲朋好友，还是读书、进食、议事，也不论是坐在席上还是榻上，不论对方的身份高低，人人都采用正坐，就连君王和群臣议事，面对臣下的跪拜，君王也需要严肃、恭谨地跪坐着，以示对臣下的礼敬之意。

跪

跪，是正坐姿势的变形。有些学者把跪统称为“跽坐”，其实古代的跪，视具体情况不同，动作会发生细微的改变，准确一点说，古代的跪可以细分为“长跪”和“跽”两种姿势，但都属于跪的范围。

先说说“长跪”。

长跪姿势与正坐的主要区别是，臀部不用落在脚后跟上，而是上半身直起，用膝盖和脚趾来支撑上半身的重心，这种姿势相比正

正坐侧面

坐，看起来上身显得很长，所以称为“长跪”。

虽说长跪是跪的一种，但却是跪坐当中最为郑重的，甚至比正坐更能体现敬重之意。一般向他人请教问题，或向对方表达感谢时，往往都采用长跪姿势。《史记·孟尝君列传》中有这样的描述：“秦王跽而问之曰：‘何以使秦无为雌而可？’”秦王听得入神而挺直身子问冯驩。这里的“跽”属跪，也就是跽坐中的长跪姿势，往往用来表达一种尊敬之意。

再说说“跽”。

还有一种“跽”虽然与“长跪”一样，也同属于跪的一种，但两者还是稍有区别的。“跽”坐，是因周围突发某种意外，身体快速由坐变成跪，有提高警惕的意思，更表示一种心情急切或紧张的状态。为了我们更好地理解“跽”与“长跪”的区别，用《史记·鸿门宴》来举个例子。文中有一段太史公司马迁对“跽”的描述，非常生动而准确。鸿门宴饮之时，项羽数次动了暗杀刘邦的念头，但一直犹豫不决。正在此时，刘邦的随从樊哙，一听帐中有情况，随即冲了进来。而此时的项羽，一看有人凶神恶煞般突然冲了进来，便很快做出了一个动作反应。这个动作，在太史公的笔下是这样描述的：“项王按剑而跽曰：‘客何为者？’张良曰：‘沛公之参乘樊哙者也。’”从这段文字当中，我们可以看到，项羽原本席地正坐，身边突然发生了意外情况，他便顺势“按剑而跽”，从正坐转瞬变为跪，也就是臀部迅速离开脚后跟，耸身直腰，做出随时能拔剑而出的姿势，这就是“跽”的动作特点，即周围事发突然，随时做好起身准备的姿势。

箕踞

“箕”，顾名思义，就是簸箕。坐下来的时候，臀部会直接坐在席上，而不是落在脚后跟上。双膝不跪，两腿直接往前伸，两膝微曲呈“八”字形状，岔开坐着。同时，上身与腿成直角，整个身体姿势形状，就像一个簸箕造型，所以古人把这种姿势又称“箕坐”。

箕踞，在古代被视为一种极不规矩的坐姿。

我们熟悉的故事“孟子休妻”，正是因为箕踞而引起的。孟子有一次从外面回来，刚一走进房间，就看见自己的妻子正叉着两腿，箕踞而坐。气得孟子对母亲说：“妇无礼，请去之。”

孟子为何如此生气，还要休了自己的妻子？更何况只是在自己的卧室箕踞而已，有何不可呢？孟子是不是小题大做了呢？其实，孟子如此生气，这是有原因的。在古代，箕踞而坐是很容易“走光”的。为什么这么说？因为三千多年前的古人着装，还没有我们现在所谓的分裆裤的款式。大家上身穿“衣”，下身穿“裳”。裳类似于今天的裙，裳的里面贴身穿的叫“胫衣”，款式就像今天的两只袜筒，关键是没有裆，两只裤筒不相连。穿的时候，只需要把两只裤筒分别套在两腿上，上端用绳系在腰间即可。所以，这种款式虽然可以将身体的全部遮住，但行动只要稍大一点，就有可能“走光”，尤其是对女性来说，如果箕踞而坐，那可是极为不妥的行为，更何况是大儒孟子的妻子！

其实，箕坐不只是“走光”的问题，如果故意对着他人箕踞而坐，那就是对他人极大的侮辱。《史记·刺客列传》记载，荆轲在咸阳宫刺杀秦王失败，“自知事不就”，于是对着秦王“倚柱而笑，箕踞以骂”。我们可以想象一下，这样一位“风萧萧兮易水寒，壮士一去兮不复还”，视死如归、大义凛然之士，怎会如此粗鲁？那只不过是，刺杀行动失败的荆轲，到死也要摆出一个箕踞的姿势，来羞辱站在面前的秦王罢了！

可想而知，箕踞在古代有多么的不受欢迎。但在殷商时期，东方夷人却普遍都是这个坐姿。这和当时中原汉民族的正襟危坐姿势相比，实在是显得粗俗。为了区别开来，汉人把箕踞又别称为“夷坐”。实际上，古人跟我们一样，正坐虽是主流，但每个人不可能时时刻刻都要“正襟危坐”，偶尔还是会箕踞，放松一下，不过只限于非公开场合。

其实在今天，也有跟箕踞类似的坐姿，还有一个有趣的名字，叫“葛优躺”。只因演员葛优在电视剧《我爱我家》里有这么个姿势而得名。葛优演的角色，是一个较为懒散的人物，此人标志性的坐姿就是，总要把后背歪斜地靠在椅背上，同时两腿往外伸岔开，把整个身体窝在沙发里，眼看着身体要出溜下去了，但又没溜下去的状态，给人一种不可靠、没正形儿的形象。虽然“葛优躺”不是箕踞，但在公共场所或面对尊长，我还是建议，再累也尽量避免这样的坐姿，看起来确实不雅观！

蹲踞

蹲踞，整个姿态用一个比较形象的说法，就像青蛙那样蹲坐的样子。整个人的两腿稍微分开，臀部不着地蹲着，古人谓之“蹲踞”，也是一种不受欢迎的姿势。

说来也有趣，曾经有网友还专门就“蹲踞”这一姿势，来了个大争论。有网友认为，只有我们亚洲人才能做这样的动作。其实不然，不仅仅亚洲人可以做，事实上，外国人也可以做蹲踞姿势。只不过在国外的大街小巷，很少看到有人蹲踞。因为看起来实在是不得体，尤其是在公共场所。在国内，蹲踞而憩可是常事儿，我们在火车站、地铁里、马路边，常看到此景。平时站累了，蹲踞休息一下，我觉得无伤大雅。但是，在正式场合或公共场所，确实有碍观

上图◎五代·顾闳中《韩熙载夜宴图》（局部）·结跏趺坐

瞻。而且经常做蹲踞这样的动作，还会损伤到膝关节。所以，我们还是提倡在公共场所尽量避免蹲踞。

结跏趺坐

这是一种最安稳、又不疲劳的坐姿。整个姿态，需要两脚相互交叠，左腿放置在右腿上，再将右脚放置在左腿上，盘腿而坐，姿势很像现在的双腿盘。不过，结跏趺坐在古代不是很流行。我们从一些古代画作中可以看出，一般都是轻松场合，古人才会偶尔采用一下。

垂足坐

垂足坐的姿态，与我们现代人的常规坐法，极为相似。据史料记载，此坐法最早出现在汉代，因西域胡人引入一种叫做“胡床”的简易折叠凳而流行起来。在当时，垂足坐可谓是最新潮的坐法。具体的前因后果，我们一会儿来探讨。

通过对以上几种古代坐姿的了解，我们不难发现，其实在秦汉以前，我们的先祖对其中两种坐姿最为钟情。第一种是“坐”，另一种是“跪”。相比之下，“跪”要比“坐”更有敬意。虽说稍有差异，但两种姿态看起来，显得中正肃穆，展现了一种谦恭有礼的风范，我想，这正是为什么正坐能够延续千年的原因所在吧！

◎ 登席仪节

在今天，如果面前有一把凳子，也许有人会把椅子拖近点再坐下，或者撅着臀，就随意坐下了。今人这样的入座方式，如果回到古代贵族家庭里，我想一定是会挨板子的。在古代，不仅对每个人的坐姿十分讲究，同时，对怎么登席入座，也有一套严格的规矩。这些规矩是每个人从小都要学习的基本礼仪内容。

第一，登席要抠衣。

古人的服装下裳较长，在登席时首先需两手抠衣。就是稍微把自己的下衣前摆，提起来一点。让衣服的下端边沿大概离地一尺左右，这样一来，既避免了脚踩到衣服，造成尴尬，也不容易被绊倒。然后，在登席坐稳后，要把下衣放好摆整齐，以示对他人的尊重。

古人登席的抠衣礼仪，放在现代也是非常合适的。比如，穿裙装的女士们在落座之际，可以用双手或单手，稍微敛一下后侧的衣裙，弄得平展一点，再落座。这样一来，就避免了久坐之后裙子压出许多褶皱的尴尬。

第二，登席不由前。

《礼记·玉藻》中对登席入座的礼仪，讲述得非常清楚："登席不由前，为躐（liè）席。"意思是，登席时，绝不可以从席的前面直接跨过去，或直接跳过去入席，这叫逾越席，属于失礼行为。正确的方法是，应该走到席的下角处，也就是席的后面，抠衣再登席。

其实，生活在今天的我们，虽然不再席地而坐，垂足高坐也需要注意礼仪细节。一般在入座时，我们应当从椅子的两侧或前方落座。常见到有人在正式场合，入座没有靠背的凳子时，岔开两腿，直接跨过椅面入座，动作看起来确实不优雅！

第三，跪起有顺序。

古人入席跪起的动作顺序，与拜礼动作不同，在文献中少有记载。专家学者各有说法，兹取其中一种阐明如下。

南宋陈元靓《事林广记前集》记载："凡相跪，其式用两手相叠按于右膝，左足先跪，次以右足从之，后叉手架于颈下。"入席跪坐时，需"先左后右"，即两手相叠按于右膝，左脚约退半步，先跪左膝，后跪右膝，两腿并齐跪坐席上。离席起立时，则是"先右后左”，先起右脚，再起左脚，然后恭敬起立退席。

“左脚先跪，右脚先起”的跪起顺序，据说跟古人的日常生活习惯有关。我国古代的士，都有佩剑的习惯，而且都佩戴在身体的左侧。秦汉以前，大多是青铜剑。这种剑，剑身短，可以随身佩带，坐下来也不必解下。可到了秦汉时期，剑身慢慢加长，士人入席后，为了方便入座，需要把剑解下来，放在自己身体的左侧。所以，入席跪坐之时，左脚先跪。起身时，需右脚先起，原因就是为了让身体的左侧，始终留有空间，以便发生紧急情况的时候，可以迅速地拔剑自卫。其实，在今天日本的剑道里，仍然保留着“左脚先跪，右脚先起”的跪起习惯。

◎ 坐席礼仪

古人的正坐，以“外正内中”的形体气象，被视为最优雅的坐姿。不过，这还远未达到古人的标准，古人对坐容还有更为严格的礼仪要求。

第一，坐如尸。

“坐如尸”的姿势，大家千万不要理解成入座后，要像尸体那样

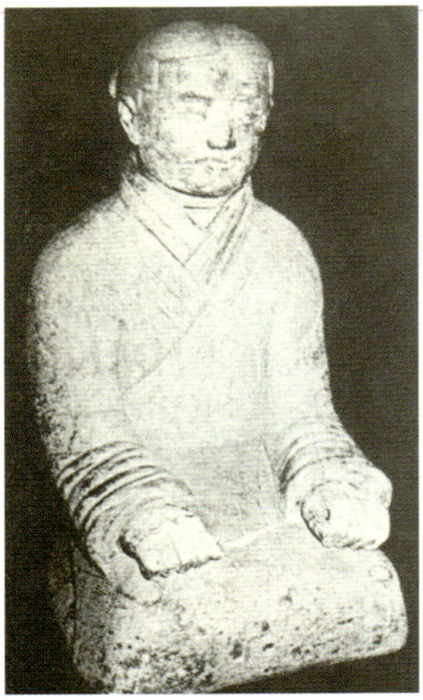

上图◎「尸」坐俑

一动不动。这里的“尸”，其实是一个代表先祖享用祭品的活人。在周代，每到宗庙祭礼之时，都会在家族里挑选一位族人立为“尸”。举行祭祀时，“尸”需穿上死者的衣服，坐在先祖的座位上，接受人们的祭拜。

这种祭祀立尸的仪规，从何而来呢？

《仪礼·士虞礼》曰：“祝迎尸。”古代祭祀祖宗，必以尸代飨。郑玄注：“尸，主也。孝子之祭，不见亲之形象，心无所系，立尸而主意焉。”在古代，虽然人们很虔诚地祭拜，但对于摸不着、看不见的先祖鬼神来说，是否满意，是否接受这样的祭拜，摸不着也看不见，只有看到迎接而来的“尸”，坐在尸位上吃好喝好，心里才踏实。只有这样，才会更好地保佑后代子孙。【注2】虽说扮演“尸”的人有吃有喝，但毕竟扮演的是自己的祖先、神灵的形象，所以扮演者居于神位，需端坐视正，表情肃穆，才符合礼仪。当人们祭拜时，“尸”是不可以做任何动作的，只管接受人们的祭祀就行。这里，我不禁联想到成语“尸位素餐”，意思是空占着职位却不做事，白吃白喝，的确很形象！

所以，“尸坐”姿态在古代是一种权威姿势。当时的贵族或者有

【注2】曹建墩：《中国的祭礼》，南京大学出版社2014年版，第110页。

身份地位的男子，在公开场合都必须是这个坐法。不过这种坐姿，说起来容易，坐起来还是挺难的。身体要一动不动，还得坐得四平八稳，坐久了，谁都会腿脚发麻酸痛。如果姿势歪了，或是半道儿因体力问题，姿势稳不住了，那可都是十分失礼的。下面这个小故事，就可以力证古人“尸坐”，是需要一定体能和定力的：

> 唐代有一位监察御史中丞，叫敬羽。一次，他受命审查一件贪腐案件。案件的当事人叫李遵，因为此人身份地位很高，敬羽查案时，又不方便动刑。怎么办呢？敬羽观察到李遵有一副肥胖的身形，便心生一计，派人请李遵来谈话。双方一见面，便相对正坐。接下来，敬羽便开始说个没完没了，一二十分钟过去了，也不见有停下来的意思。而李遵呢，因为太胖，时间一久，双腿便承受不了，开始发麻，头脑发胀，半小时过去了，敬羽还没完没了地说着，李遵被折磨得腰酸背疼腿抽筋，中途疼痛难忍，扑倒在地上好几次。最后，李遵实在忍不下去了，只好把案情全盘托出。

都到这个份儿上了，如此这般难受，也绝不随意变换坐姿，可见古人在正式场合对坐姿的要求有多严格。试着联想一下，若是我们今人，不小心穿越到了古代，还落在了一个贵族家里，请我们喝茶容易，恐怕就一个“尸坐”姿势，也足够让我们挨上一顿板子了吧!

第二，坐必安，执尔颜。

意思是，正坐时，身体要稳，不可摇来晃去。表情要庄重肃穆，不可东张西望。

中华礼仪是一脉相承的，即便在今天，“坐必安，执尔颜”的礼仪要求，我认为也是非常适用的。也许有人会认为这些仪规太教条，可以不必讲究，所以经常不分地点、场合，自己怎么舒服就怎么来。比如乘飞机、坐火车，有的人把自己的粗鲁当个性，为了自己一时之舒服，把双脚搭在或用膝盖顶住前排的椅背上，毫不顾及前排乘客的感受，由此而引起双方大打出手的事件屡见不鲜。所以，有时候一个人的行为，即便是一个小细节，也会像一面放大镜，折射出这个人内在礼仪素养的高低差异。

第三，席不正不坐。

如果室内没有铺席，或席位没摆正，就“不席而坐”，这是不合乎礼仪的。孔子说：“席不正，不坐。”其实说的就是席位摆放的要求。古人放置席的时候，席的四边，一定要与室内的边、墙壁平行，以显庄重，在古代又叫直席。因为如果席位没摆正，坐在席上的人，跟对面的席位就是歪的，这有失礼数，同时对客人也不尊重。这就好比现在的宴席，就餐前，主人要提前把桌椅、杯盘、碗筷对应地摆放整齐，既不能放歪了，更不可缺杯少碗。

第四，坐不中席。

这是古代为人子之礼。

《礼记·曲礼上》曰："为人子者，居不主奥，坐不中席。""奥"这个地方，在室内的西南角，在古代是尊者所处的位置，作为晚辈，不可坐此位。面对尊者，更不可坐在自己席位的中间位置，那是不尊重长辈的表现，是十分失礼的行为。

在古代，对席的要求很严格。通常一个座位一个席，按照方位分为主席、宾席、尊席、正席、偏席。入席时，每个人都要辨明尊卑席位，要知道自己该坐哪个席。

古时的席，有大小之分。"席的长度一般在六尺左右，而小席的长度则为三尺有余，分别约合今制 1.4 米和 0.7 米。六尺席与三尺席，在实际生活中的区别，可能是分别用于床和榻。"【注3】所以，古代的大席，可以容纳多人一起同坐。而小席，就仅供一人之坐。下面我们简单了解下席的礼仪。

【注3】彭卫、杨振红：《秦汉风俗》，上海文艺出版社2018年版，第178页。

上图◎《讲经图》砖画·东汉·一人一榻或多人一席

古代的大席，仅供四人坐。按照汉代礼制规定，如果“群居五人，则长者必异席”（《礼记·曲礼上》），这是群坐之礼。古代一席坐四人，共坐时，席端为尊者之位。其中长者或尊者，必须坐在席的首端。如果有五人，则大席共四人坐，多出的一人，绝不可不分尊卑地挤在一起共坐，而是要给其中一位长者或尊者，另设一席独坐，这叫异席，又叫重席。如果是三人并坐，则中间为尊位。如果两人并坐，则以左座为尊。若一人独坐，则要居中席而坐，不可坐偏席位。一般来说，一人独坐的席高于二人席，二人席又高于三人席或四人席。虽说大席可以安排多人同坐，但相互间必须尊卑相当，才可以同席而坐，身份地位不得差别过大。如果安排不当，搞不好，“割席绝交”的事情就会发生，这也是有历史记载的。另外，在古代有三种情况也不能同席：父子不同席；姊妹出嫁返家不能与兄弟同席；男女七岁之后，也不能同席。

如果仅仅只是陪侍在尊长身边，相对于晚辈或卑者来说，即使是独坐，也不能坐在自己席位的中间，而应该靠后一点坐。同样，坐席摆放的位置，也不要与尊长的席位并排，而应该放置在尊长席位的左右两侧或对面。

第五，徒坐不尽席尺。

完整的礼仪要求是：“徒坐不尽席尺。读书、食、则齐，豆去席尺。”意思是，无事而坐的时候，身体要尽量靠后，离席前边缘一尺左右，不要往席的前侧靠近。但读书、进食的时候，坐的位置得与席的前沿齐平。因为古代盛食物的器皿，都是放在距离席前一尺的地方，就餐时，需“食坐尽前”，尽量把身体往前挪，靠近食案，以免在吃东西的时候，食物掉落在席上，这才符合礼仪。

古代就餐坐姿，跟我们现代就餐姿势其实没什么区别。现代人是围桌就餐，进食时身体也要尽量靠近餐盘。这样的姿势，也是为了防止食物滴落在餐桌、衣服上，造成尴尬。

第六，并坐不横肱。

古人有并排同席而坐的仪规，与他人并坐时，身姿动作非常注意。不仅要端正，同时一些礼仪细节，尤其是胳膊肘，忌讳往身体两侧横着放，因为这样会妨碍到左右两旁的人。最有修养的姿势就是，尽量把自己的胳膊肘贴近身体，向内收敛一些。

且不说古代，在今天，我们身边也会有这样的人，与他人围桌就餐时，旁若无人地横着胳膊肘“左右开弓”，毫不顾忌两侧客人的感受。再如，乘飞机、坐火车时空间就更为狭窄，有些人就座时，霸道地把胳膊肘伸到旁边的座位扶手上，使他人无法安坐。诸如此类不礼貌甚至有些自私的行为，在公共场所比比皆是！

第七，敬毋余席。

这里指的是坐席之间的空间距离要适度。

古礼倡导“侍坐于所尊，敬毋余席”，大意是，陪坐在尊长贤者身边的时候，席间距离不要靠尊者贤者太近，也不要离得太远，中间不要留空席位，与尊者贤者保持“席间函丈”，坐席间大概留出一丈的空地。这样的距离，一是为了能方便服侍、请教尊长贤者；二来，也是古礼提倡的一个适度交往原则。古人认为，对于尊者贤者，仅仅只是远远地向他们心存敬畏、爱慕之情是不够的，还要主动地去亲近他们，积极与他们交流，学习他们身上的优点，汲取思想上的营养，所以古人提倡“狎而敬之，畏而爱之”（《礼记·曲礼上》）的交往态度，既要保持亲密又要保持敬重，距离恰到好处，有分寸。

第八，由下入座。

古人坐席分上下方，通常靠近尊者的一边为上，远离尊者的一边为下。古人就座时，会从坐席的下方，也就是离尊者较远的一边入座，而起身离席时，也要从席的下方离座。

第九，避席之礼。

古人席地而坐，有时为了向对方表示尊敬、谦恭，主动离开坐席，身体俯伏在地面，这个行礼动作称之为“避席”，这在古代是一种非常有礼貌的行为。

那具体在什么情况下，需行避席之礼呢？比如，当看到有贵客或尊长到来时，坐着的人需行避席之礼，以示礼貌。但“见同者不起”，见到和自己地位相当的人进来，不需要站起来。还有一种情况需避席，那就是当有其他人进来，需要和身边的主人或尊者有事情要谈，此时，作为陪侍者则需避席，当然要稍微避得远一点等候。再如，学生向老师请教问题，也应该行避席之礼。《礼记·曲礼上》有云：“请业则起，请益则起。”“业”指的是古人书写所用的木板。大意是，学生向先生请教问题时，需离席站立。当先生解说完之后，如果仍然不明白，请先生再解说一遍时，也要站起来。孔子的学生曾子，每次向夫子提问或回答问题时，他都会离席，恭敬地站在一边回答。曾子避席尊敬师长的故事，一时被大家传为佳话，也为后世树立了典范。

今天，虽然我们不再席地而坐了，但这种典范，又以一种新的转化方式，融入到了我们的日常社交当中，比如有贵客、领导或长辈进来时，原本在室内坐着的人，尤其是年轻人，通常应该起身相迎，主动打招呼，以示敬意。去别人家里做客时也应如此，当有后到的客人进来时，作为先到者也需起立，及时问候，以示友好。

◎ 坐姿演变

我国几千年的传统“跪坐”，又是从什么时候开始改为现代的“垂足坐”呢？那些常用的几、席、榻，又是何时废除而改用桌椅的呢？

对于古代席地而坐的演变，著名史学家尚秉和先生，做了权威的总结：“盖席地之风历三代两汉，至晋而更。跪坐之容，历三代两汉以讫于唐，约数千年，至宋而革。迄于今，惟日本、高丽仍席地跪坐，合中国无有也。且高几、高案亦相因以起。凡读书、习字诸动作，亦相因以变更。此乃中国起居史上之一大革命。”具体一点说，古人席地而坐，从低处到高处，可以说经历了漫长的时间。其实，抛开其他因素，席地而坐的改变，主要还是与人们日常生活中使用的家具有关。既然与家具有关，那么我们就按照时间顺序，作个深入的了解。

上图◎
凭几·中国国家博物馆藏

几案与凭几坐

先秦时期，古人的家具用品，除了筵、席之外，在席前还会设置几、案，类似于我们今天的小课桌，是一种席地而坐时的抚凭之器。

先说说古代的几。

几的功能，跟我们现代椅子的扶手、椅背差不多，它能起到缓解身体疲劳的作用。古人席地而坐，跪坐在席上时间久了，定会引起腰腿不适，于是可以借助放置在席前的几，将手臂稍微支撑在上面，稍事休息一下，起到舒缓身体的作用。

凭几时，要将跪坐的膝盖，放在几下面。然后用手肘扶于几上，来缓解压力，这样的优雅姿势才叫“凭几”或“依几”。经济条件好的家庭，等到冬天，还会在几案上铺毯子以增加舒适感。

我们不难看出，古人为了起居舒适，也会不惜花费大量心思！

古礼规定，人几在左，神几在右，但通常只设右几。即使偶尔设左几，那也是优待老者、尊者的一种礼遇。[注4]所以，古人常把“几”与老人所使用的“杖”并称。至于其他人等，只有在非正式场合，或者是关系非常亲密的人面前，跪坐累了，可以凭一下几，稍作小憩。像唐代诗人杜甫那首《白露》诗里“凭几看鱼乐”的轻松自在，在平日里是难得的。在上班或公务访问的时候，古人的自律性更强，虽席前设几，却很少凭几，身体再累再不适，正式场合下

【注4】胡德生：《中国传统家具》，中国建筑工业出版社2013年版，第14页。

左图◎
唐·阎立本《历代帝王图》

也须保持“正襟危坐”不可凭几。即使在日常，与亲朋好友相见，坐而倚几，也会被视为一种不敬、懒散的失礼行为。

我们再了解一下古代的案。案，其实与几在用途上、形制上都较为相近。只不过当时的案，根据用途分得更细，有食案（就餐用的）、毡案（供人坐的）、书案（读书用的）等。

最后说说古代的榻。榻，在古代又称“床”，它出现在战国以后。相比几、案，榻的形制上要矮很多，但又比席高一点，有很强的承重能力。古代早期的榻，不像今天的床，不是用来睡卧的，而是和铺在地上的席并用，都是客厅里的坐具。

上图◎西域胡床

古人坐在榻上的姿势，与席地而坐基本上没区别，仍是双膝跪地，臀部着脚跟，以跪姿为最庄重有礼。古礼规定，坐席时，一席可以坐数人，以独坐席为尊，而榻可以共坐两人，谓之“连榻坐”，也以独坐榻为尊。不过，那个时期古人坐榻并不普遍，也只有天子、官僚、士族、富贵人家里的长者，才有资格享用，普通百姓仍是席地而坐。

胡床与胡坐

东汉末年，特别是永嘉之乱后，大量少数民族进入中原，五胡文化与中原文化便开始了大融合。其中，西域胡人常用的一种坐具，也被传入到了中原，汉人把它叫做“胡床”。正是这一张小小的胡床，解放了汉民族的膝盖，改变了“席地而坐”的习惯。

何谓“胡床”？其实就是一种能折叠的板凳，类似于今天的马扎。形制较小，用绳索连接着两个交叉的木架，可以随时收拢张开，携带轻便，在野外或狭窄处也可以使用。

胡床较小，只能坐一人，更无法跪坐在上面。如果要坐胡床，只能两腿张开，跨坐在上面。相对于习惯“正襟危坐”的汉人来说，面对这种夸张而新潮的跨坐姿势，最终还是接受了。既然是胡人传进来的，为了与本土的床榻区别开来，中原人就把这种坐具叫作“胡

床”，把坐胡床的坐姿称为“胡坐”。

其实，胡坐与现代常规的坐法是极其相似的。胡床虽然低矮，但坐上去身体也很舒服，还能随时携带，所以在当时深受上层社会的欢迎。东汉时期，皇帝刘宏就是一位喜好胡服、胡帐、胡坐、胡饭、胡笛、胡舞的人。据《集异志》记载，“汉灵帝好胡床胡坐”是也。[注5] 京都的贵戚们，也纷纷效仿。同时，这股潮流风，也流行到了民间。

虽然贵族们趋之若鹜都来“胡坐”，但在正式场合以及日常起居，汉人们仍以“席地而坐”为最高标准，这仍是大家心目中最有修养、最为得体的姿势。不过，随着胡床的流行，家里使用的家具形式慢慢有了逐渐加高加大的趋势。比如日常起居用的榻，便慢慢加高了。人们既可以坐在榻上，也可以垂足坐在榻沿上。跪坐形式也逐渐有了些变化，两腿向前朝里盘曲的箕踞，开始增多。胡人用的椅子、方凳、圆凳等高型坐具，开始向民间普及。由此，我国古人沿用了上千年的“席地而坐”慢慢地发生了变化。

上图◎
五代·顾闳中《韩熙载夜宴图》（局部）

【注5】
尚秉和：《历代社会风俗事物考》，江苏古籍出版社2002年版，第233页。

桌椅与垂足高坐

到了唐五代时期，胡风更为盛行。这一时期，人们的起居习惯发生了很大的变化，可以说各种形式同时存在，而且汉代以前的种种烦琐的礼节，也不太讲究了。虽说“正坐”仍是正式场合的规范坐姿，但“垂足坐”已然是大趋势了。

唐代初期，除了胡床外，杌子、椅子、桌子、案子、高几等逐渐普及，还出现了一种带有靠背扶手、身体可以倚靠的交椅。因高度的改变，配合交椅的高脚桌子也应运而生。尽管以前配合坐席、坐榻所用的矮几仍然存在，但从此大家开始不以跪姿晤谈了，宴饮时也用上了桌椅。所以，交椅的出现，彻底改变了古人的坐法。

最初，椅子、杌子的出现，基本上是上层社会男士们的专用物品，而女性则基本不坐椅子、杌子。杌子，就是今天所谓的矮凳，没有靠背的那种。尤其是在士大夫的家里，如果女性坐椅子、杌子，会被认为是缺乏教养的行为。封建士大夫们认为，女性坐于其上，两腿仍需下垂，姿势怎么看都像“胡坐”，所以女性还是两腿向后的跪姿，最为优雅。

不过，这种禁忌到了五代时期，开始发生了变化。那个时期，古人已基本进入到了垂足高坐的时代，当然，女性就更为自由。我们可以从南唐时期的《韩熙载夜宴图》里面，寻找到答案。在图中，我们可以看到室内陈设，有床、榻、屏、椅、桌、墩等各式家具并存。画中的人物，已经完全摆脱了席地而坐的旧俗，尤其是画中的歌姬乐女，也已经垂足坐在杌子上了。

到了宋代，垂足高坐基本上成为了主流坐姿。但椅子在宋代，仍属新奇高档品，后来出现的太师椅，也只有在仕宦贵族以及有名望的人家中才有。到了元明清时期，人们的坐姿则完全成为了垂足高坐，直至今天。但先秦时期的跪姿，在那个时期并没有彻底消失。只不过最初代表友好、恭敬的含义，彻底成为了封建社会里带有尊卑贵贱等级的标识。

立容

立必方正，立容德

足之比也如植，手之恭也如翼。其中也敬，而外也直。不为物迁，进退可式，将有立乎圣贤之域。

——《幼仪杂箴·立》

今天，一个人的站立姿态怎么样，在很大程度上展示了这个人内在的精神面貌，而我国古代圣贤对身姿体态的审美，也绝不亚于今人。据说，晚清名臣曾国藩就有一个习惯，凡是与他初次见面的下属，他从不急于交谈，而是不动声色地先观察一番，看看这个人的整体行为举止如何。如果这个人总是习惯东看看，西瞧瞧，抖抖腿，晃晃头，那仕途也就基本结束了。为什么呢？因为曾国藩认为，这些行为举止，正是内心不庄重、不沉稳的表现，此人不堪造就。其实，这一套识人术，在古代叫望气，也就是我们现代人常说的，望一望这个人的整体行为举止，便可探知这个人内在的精神面貌。

同样，一个人的站立姿态，也能衬托出一个人的气质好坏。常言道："坐有坐相，站有站相。"在现代人的审美观里，站姿形象的审美依据，最主要是以"挺拔、端正和自信"为主导，而我们中国传统的立容之美，则完全相反，古礼一直坚持以"端正、恭敬、谦卑"为最高审美标准。

男子立容

对页图◎男子立容

◎ 立容要点

汉代大儒贾谊，在《容经·立容》篇里，就对立容的形体之美作了整体的描述："固颐正视，平肩正背，臂如抱鼓，足闲二寸，端面摄缨。"传统立容的动作要点是，站立时身体要端正，且保持中立。后背挺直，两肩平展。同时，脖子要直立，下巴微收，目视前方。双手要相合，且臂抱如鼓，两足重心放平。表情要庄重，帽缨要整齐。

通过贾谊这段文字，我们可以发现传统立容有三个礼节特征，值得我们学习。

特征之一：立必正方。

《礼记·曲礼上》曰："立必正方，不倾听。"唐代孔颖达疏："立宜正向一方，不得倾头属听左右也。"意思是说，一个人平时站立时，身体不可歪斜、倚站，更不能歪着头随意去倾听周围人们之间的谈话。古人认为，一个人的立容是一个人整体精神气质的重要外在体现，站得端正方可显出恭敬之心。如果成天总是含胸驼背、摇头晃脑、歪歪斜斜，会给人一种懈怠随意、不庄重之感。那怎样才能做到"立必正方"合乎礼呢？首先要"头容直"。站立时，头和颈要保持正直，不可偏斜、探脖。其次，要"气容肃"。与人交往时，

上图◎陕西省博物馆·唐代仕女（垂拱之礼）

控制好自己的呼吸，尤其是在庄重肃穆的场合，更需屏息静气，呼吸均匀，不可大声喘气。最后，“口容止”。“止”就是不妄动的意思。在日常生活中，除了吃饭、说话之外，嘴唇要微微闭上，这样显得庄重有礼。

特征之二：微磬而立。

这里的“磬”，是一种古代的打击乐器，形状像曲尺，古人常把它拿来比喻人站立时腰身弯腰的姿态。而微磬，指的是站立时，腰身微微往下俯折 15 度。这种站立姿势与上面说的“立必正方” 要求并不冲突。古人一向讲究“立容德”，站立姿势也得谦卑有礼。当一个人与他人共立时，面对尊长或接受他人给予物品之时，都需微磬而立，为的就是表达谦逊、恭敬之意。在今天的山东曲阜，可以看到许多这样拱手微磬而立的孔子像。

特征之三：拱手而立。

古人站立时，需要两手交拱，然后掩放在两个宽大的袖子里面，自然地贴放在胸口至小腹中间的位置。这种垂衣拱手的站姿，在古代有“垂拱之礼”之称，是古人日常手容礼仪规范之一，也正因为有这样的说法，才有了帝王“垂拱而天下治”（《尚书·武成》）

这一生动而形象的比喻。其实在今天，我们两手交拱，自然垂放于腹前的站姿，就是古代的“垂拱”，唯一不同的是，双手放置的位置稍有差异。

垂手之礼，体现了古人对手部礼仪的重视。古礼要求“手容恭”，说的是一个人在平时无事的时候，坐立行走，双手要相互握住，不可随意乱动，以显庄重。尤其在待人接物方面，端拿递送之际，手部有许多细节要注意：

第一，“授受不游手”。这里的“游手”，指的是单手的意思。古人在递接物品时，不论授者还是受者，都要使用双手，不可只用单手，这是礼貌问题。

第二，“奉者当心”。什么意思呢？贾公彦疏：“谓仰（举）手当心，奉持其物。”指的是，双手捧持贵重物品进献给别人时，其高度要举到胸的位置，古人认为只有这样，才是对对方最高的敬重。今天，我们虽然不需要像古人那样举到胸的位置，但在给他人递送名片、重要物品、资料文件时，也不可随意扔过去，或者从桌面上推过去，这样都显得不够尊重对方。

第三，“执虚器，如执盈”。意思是，手里拿器皿时，即使是个空盘，也要想象成里面装着东西，不可以随意拿在手里，晃来晃去。这一礼节在今天也是非常适用的，尤其在狭窄的空间内，比如在飞机上、餐厅里、电梯里，或其他人比较多的地方，手拿器皿时要小心谨慎，以免磕碰到别人。

第四，“授首不授尾”。凡是有首尾的物品，在传递给他人的时候，应该将头部朝向受者，不可以把物品的尾部朝向受者递送过去，这是对对方的尊重。此礼节同样也可以应用在今天，比如给他人传递文件资料时，多为受者着想，把有文字的一面朝向受者，以方便对方阅读。

第五，“授柄不授刃”。凡是有刃的物品，应该将有把柄的一端递给对方，把有刃的一端朝向自己。在我们身边，有人对这一细节往往不太重视，经常把物品带尖的一端，直对着别人递过去，这样的动作有可能会给他人造成一种不安全感。平时我们要多多注意，养成一个好习惯。

第六，“缓揭帘，勿有声”。在古代，家里除了门，还会挂帷幔或帘子把空间隔开，这是非常普遍的现象。古人进入室内，用手掀帘是有规矩的。动作要轻要慢，不要弄出声音来，如果动作幅度太大，导致帘子缠在一起，就更为失礼。在今天，有许多地方，如超市、商场门口，也会挂上厚重的门帘。经常也会遇到有人掀开门帘后，忽略一个细节，就是头也不回一下，只顾自己进去，不顾后面是否有人，便直接松开手，这样做的后果，有可能厚厚的门帘会直接打到后面的人，造成潜在的危险。尤其是进出有弹簧门的地方，更要注意“手下留情”，注意手部礼仪，进门之后养成回头看看是否有人的习惯，避免开门之后，门弹向后面的人，照顾一下后来者，尤其是老人、小孩或残障人士。

总之，诸多与双手有关的礼节，今礼其实与古礼并无二致，都需要讲究规范的姿势，以礼待人。比如，给客人端茶倒水一定要注意，手指的指尖不要碰到杯口。有杯把的杯子，拿住杯把递送。如果没有杯把，拿住杯身下端二分之一处的位置最为妥当。另外，还要控制好双手的手指，不可随意用食指指着他人。俗话说：“千夫所指，无病而死”，不是一件好事，这句话就暗含了对这种动作的忌讳。所以，用手指或握着拳头指别人，都是没有礼貌的动作。那应该用什么样的手势来指人呢？很好办，展开我们的手掌，且五指并拢，这才是正确有礼的指人方式。

◎ 立容形式

古人优雅的站姿，不只一种，根据不同的场合以及不同的交流对象，站姿也要随之发生改变。贾谊在《容经》篇里，根据一个人站立时身体向下俯折微磬的深浅，把立姿又细分为“经立”“共立”“肃

对页图◎ 女子立容

立”“卑立”四种形式。

第一种，经立（标准站姿）。

经立，是古人平时常用的站立姿势，其实就是今天我们所讲的立正。在《立容》篇里解释为：“端股整足，体不摇肘。”意思是，身体要中正，微微颔首，目光平视。其次，两手相拱，掩于袖内，且放于腹前，古人把这种立姿，称作“经立”。今天我们也常看到有人双手交叠，放于腹前的站立姿势，其实就是古人所称的“经立”。

第二种，共立（微磬 15 度）。

共立，古人常在平辈之间使用。“因以微磬曰恭立”，也就是在“经立”站姿的基础上，腰身向下微俯约 15 度即可。共立姿势，需要颈部保持正直，不下俯，也不往上仰。视线随着身体微俯也要往下，最后自然地落在对方双脚的正前方，这种姿势，古人称作“共立”，又叫“微磬”。

第三种，肃立（磬折 45 度）。

“肃立”是下对上、晚对长的一种礼敬站姿。这种传统站姿，与

女子立容

我们今天所说的那种身体站得笔直，像军人般立正的肃立，是完全不一样的。传统的“肃立”，贾谊解释为：“因磬折曰肃立”，腰身磬折要比微磬度数深，需要向下俯曲约45度，“肃立”又叫“磬折”，其实与我们今天的鞠躬礼没什么区别。

第四种，卑立（磬折90度）。

相比以上几种立姿，卑立的腰身，向下俯折的程度要深，差不多90度，故称之为“卑立”。贾谊解释为：“因以垂佩曰卑立。”在这里，先解释一下“垂佩”是何意吧。我们都知道，古代的贵族阶层都有腰间挂玉佩的习惯。在人际交往中，需要向他人俯身示敬，躬身向下俯折的度数，大多以腰间的玉佩向下垂的高低为礼敬标准。

为何以玉佩下垂为标准？须先说“磬折垂佩”之礼。《礼记·曲礼下》有云：“立则磬折垂佩。”东汉学者郑玄把这句话注解为“君臣仰俯之节”，这样我们就好理解了，“磬折垂佩”实际上是古代礼仪立容礼节之一。当臣下面见君王时，站立的姿势需磬背弯折，以示敬意。至于身体要下俯到什么程度，才算不失礼呢？古礼规定，需磬折垂佩，使挂在腰间两侧的玉佩，下垂到身体的前方，才算恭敬有礼。

由此看来，古代贵族喜好腰间垂玉佩，不仅仅只是装饰上的需要，也不单单只是一种身份上的象征，也是有其实用功能的。所以，古人在日常交往中，与他人相互行礼时，会根据对方腰间玉佩下垂的深浅，来调整自己身体俯折的度数。比如：与师长共立时，晚辈则需磬折微俯，视线也要随之向下。与此同时，还要观察师长腰间玉佩下垂的度数，自己来作判断。当对方腰间的玉佩是贴着身体的，那么自己则需躬身微俯，使腰间的玉佩离开身体就可以。如果对方的玉佩，已经下垂，离开了身体，那么自己的玉佩则要悬垂了，有时候还需碰触到地面，才算不失礼。

看到这里，是不是觉得有点复杂？我们可以简单地作个总结，这四种传统站姿当中，“经立”是古人平时最常用的姿态，而身体俯折度数最浅的要属“共立”，中度为“肃立”，“卑立”度数最深。那么依照古礼，年龄相仿，平辈之间，可采用共立，双方微微躬身即可。如果对方是师长，他采用的是正常的经立站姿，那么作为晚辈，则要躬身微俯约 15 度，也就是采用共立，以示敬意。若师长共立，晚辈则需躬身微俯约 45 度，以肃立站姿示敬。

总之，作为晚辈，站姿一定要比尊长低一些身姿，不过，大家不要误解，在古代，这种低身姿的站立，只是一种晚辈单纯地向尊长表达敬重的方式而已，没有高低贵贱之分。这正是我国传统礼仪核心之所在，如《礼记·玉藻》中所说“立容德”。何意呢？“德”通“得”，意思是当别人给你递送物品时，我们在接拿的过程中，一定要把腰身俯折下去，以此来向对方表达谢意和谦卑。在我们看来，这只是立容当中的一个小细节，但古人却十分看重，所以才有了“磬折垂佩”之礼，在今天的人际交往当中，端拿递送之间，面对尊长、贵客，身体稍做磬折，实为礼貌之举。

◎ 立容礼仪

所以，一个人如何站立？怎样站才算是合礼？我认为，古人要比今人严格得多，礼节也更为规范。《礼记·玉藻》有云：“立容辨卑毋讇（chǎn）。头颈必中，山立，时行，盛气颠实扬休，玉色。”这句话郑玄注为：“辨，读贬，自贬卑，谓磬折也。”说的就是，一个人在站立时，要保持一种好的精神和气质，谦卑而不谄媚。要学会“立容德”，一举一动要显得有修养，有德行。姿态既要规矩得体，又要有分寸感。站立时，头颈要端正，身体要直立。整体气质要稳如山，精神要如阳光般和煦，面色要如玉般温润。无论在哪里，面对他人，不可懒懒散散、无精打采、歪斜倚靠地随意而立。总之，传统立容的礼仪核心，把“尊重他人”放在了第一位。

上图◎　立如齐

第一，立如齐。

“齐”，指的不是整整齐齐的意思，在《礼记·曲礼上》中是这样解释的：“若夫坐如尸，立如齐。”指站立时，要像在庄重的祭祀场合那样，磬折微垂身体，以示恭敬之心。我们今天要求的站姿，虽说不会像古人那样需时时大幅度垂折身体，但“立如齐”背后所表达的恭敬态度，是值得传承的。比如，遇见尊长，作为晚辈，我们不仅要主动与之打招呼，如双方相距较远时，除了挥手致意，还可以通过身体微磬，点头致意，降低自己的身高，以示尊敬之意。

其实，躬身微磬向他人致敬，在西方礼仪当中也是一项常用的见面礼节。对他人的恭敬之心，无论到了哪个时代，都不能丢。

第二，立毋跛。

这是古人站姿的要求之一，同时也是我们现代人的站姿礼仪。《礼记·内则》云，站立时“不敢跛、倚”，而是要把整个重心均匀地放在两足之间，平稳而立。不可以像跛脚那样，把身体所有的重心都放在一只脚上，而另一只腿则偏跛歪斜着，那样会给人一种懒散无力、不庄重之感。

同时，在一些严肃的场合，更不可以随便倚靠他物，比如身体倚靠着墙壁、柱子等，即使身体劳累，也尽量不要倚靠上去。传统立容当中，还特意提到了“不立乎岩墙之下”，“岩墙”就是那种残败、随时有可能坍塌的墙壁，不要随便站立或倚靠。看来，古人的安全意识，一点儿都不比现代人差。所以，对于那些有潜在危险的地方，比如广告牌下面、脚手架下面、悬崖边、火车道旁等，我们都应该有意识地避开，以免发生危险，酿成悲剧。

第三，毋摇髀。

一个人站立着的时候，不能抖腿摇臀。在我们日常生活中，经常有人这样做，而且变成了一种习惯性的动作，看起来既不雅观，又显得不够庄重。我们中国人自古至今，对抖腿这种不良的习惯性动作，其实是比较忌讳的，迷信抖腿会把身上的福气抖掉。当然这种说法是不可信的，但从心理学的角度来说，抖腿会让身体从视觉上产生一种不稳定感，在人际交往当中，尤其是双方初次见面之际，对方对你的信任度就不会太高。所以说，无论是坐着，还是站立，有抖腿习惯，尽量要改掉，以免影响人际交往形象。

第四，立不中门。

除了要有一个良好的站姿形象外，还需注意场合、地点。“立不中门”是古代作为人子的礼节，作为人子，一般不得站立在正门的中央。

古代的房屋结构，具体哪个位置算是正门呢？在小说《红楼梦》里，林黛玉初入贾府时，对正门的位置有这样一段描写："正门之上有一匾，匾上大书'敕造宁国府'五个大字。黛玉想道：这必是外祖之长房了。想着，又往西行，不多远，照样也是三间大门，方是荣国府了。却不进正门，只进了西边角门。"古代的大户院落，把大门叫正门或中门，很少开，只有婚嫁大事或迎接贵客、上级官员才会走正门，正门的东西两侧还有角门，也就是侧门，一般的人或家里的晚辈，不从正门走，而是从侧门出入的。古礼讲究"立不中门"，此门为正门、家门。少者"立不中门"。唐代经学家孔颖达在《疏》中有云："今云'不中门'，谓棖（chéng）闑（niè）之中是尊者所行，故人子不得当之而行也。"大门两旁所竖的木桩中间位置，是尊者所立之处，所以作为卑者，比如家里的人子或者地位较低的宾客，不得立于此。

坐席也需如此。当晚辈与尊长同坐时，晚辈须靠着席子的一端坐，不可居中而坐。若与尊长同行，中间的行道要让给长辈行走。反之，不懂礼节，分不清场合，随心所欲，都属失礼失敬之举。

同样，我们把"立不中门"的古礼，延伸到今天的生活当中，比如，在公共场所的道路、门廊、走道、楼梯等一些狭窄之处，我们尽量"立不中道"，不站立在中间，或不长时间停留，不与同伴驻足在中间攀谈闲聊，以免妨碍其他人上下、进出，或造成拥堵。如果实在需要停留，我觉得最好的方式，就是移步到门廊、台阶的旁边，让出中间位置，多替别人着想一下，这样做才比较妥当。

◎ 坐立之礼

一“坐”一“立”，两种不同的高度和姿态，在古代，某些情境下却暗含着两种不同的待人态度。什么场合该坐，什么时候该立，每个人都弄得十分清楚，不论是立还是坐，古礼规矩始终离不开一个“敬”字。

第一，“授立不跪，授坐不立”。

这句话，其实说的就是，晚辈为尊长递送物品时，坐着还是站着，在礼节上是有区别的。对于这一点，古人并不刻板，依照古礼要求，如果尊长是站着的，那么晚辈就不要坐着递送物品，以免尊长还要俯身接拿。如果尊长是坐着的，晚辈就不要站着递送，以免烦劳尊长还要站起来接拿。当然并不都是一成不变的，有一种情况除外，就是尊长的身高，如果相对较矮，那么作为晚辈，此时要多替尊长考虑，最好以跪姿（或坐姿）递送，这也是一种替他人考虑的礼貌行为。

“授立不跪，授坐不立”这一礼节，在今天的日常生活中，有许多年轻人在接人待物方面却很少注意到这一点。比如在接待过程当中，长辈或嘉宾坐着时，作为晚辈或下属，端茶送水或递送物品时，即使可以不像古人那样跪下，也应该微微躬一下身，适当降低一下自己的身高，恭敬地递过去，这就是传统礼仪提倡“尊师敬长”在日常细微举止中的一种体现，更是一种延续。

第二，侍立与侍坐之礼。

依照古礼，与尊长相处，若无特殊情况，尊长坐时，卑幼则需站立在旁。其实，这句话的用意挺多，在《弟子规》里就有更为明确的规矩：“长者立，幼勿坐，长者坐，命乃坐”，意思是，当尊长站着跟晚辈说话时，作为晚辈，就不应坐着，也应该离席起立。在交流过程中，长辈还没有坐下，晚辈不应先入座，要待长辈入席坐定后，有时候还要等长辈示意自己坐下，晚辈方可入座。如果双方一开始都是以坐姿在交谈，中途长辈站起来了，晚辈也应该立即站起来，以示尊敬。

除此之外，与坐立有关的还有“侍立”之礼与“侍坐”之礼。

家里有客人到来，作为主人一方，如果父子都在场，那么父亲

左图◎
西魏·陶俑·陕西汉中出土

上图◎
唐·三彩釉陶女俑·陕西西安土门村出土

会陪着客人一起坐下来交谈，而家里的年轻人，要陪同父亲，做好待客工作，须恭敬地站立在一旁，古时把这种礼节称作“侍立”之礼。说到这里，也许有人会觉得，是不是有点过于严谨了！其实，侍立之礼是对来客的一种态度上的表达。一来，晚辈侍立在旁，表达的是不敢与尊长平起平坐，是向长者表示一种礼敬之意。二来，也是向长者表达自己可以随时恭候调遣。当然，尊长也不会只顾自己坐在那儿交谈，也会招呼晚辈坐下来。如果得到了长辈的许可，年轻人方可坐下，但仍然也只是在旁边陪着，听候尊长随时差遣，古时把这种礼节称作“侍坐”之礼。

在今天，我们中国人仍会把“坐”与“立”之间的礼节，看得很重。比如，家里有客来访，作为家里成员，尤其是晚辈，不论是不是你邀请的客人，有客人来访，都需要主动起立迎接，表示欢迎。同时，还要协助父母为客人端茶倒水。当然，作为晚辈，要不要像古礼那样，在一旁“侍立”或“侍坐”，要视具体情况而定。如果来客只是礼节性的拜访，作为晚辈，又是家中成员，等客人入座后，可以陪坐在旁，简单与客人交流一下，不用全程参与进来。如果有事需要提前离开，一定要主动与客人打个招呼再出门，这是起码的待客之道。另一种情况，我们也不要忽略了，作为客人一方，先到者对后来的客人，也需起立打招呼，这是客人与客人之间的友好示意。

类似这样的坐立礼规，其实仍旧在我们今天的生活中延续。比如在工作中，当领导或贵宾进入办公室时，须起立说话，这是最起码的尊重。在我国小学课堂上，都有一个起立问候老师的小仪式。当老师走进教室那一刻，全班同学会集体起立，鞠躬问候。仪式虽短，背后却是中华传统美德“尊师敬长”最好的展现。几年前，国内一档著名的访谈节目，女主持人因为一个坐姿，引起了网友们不小的争议。节目受访嘉宾是一位年长的科学院院士。节目开始时，白发苍苍的院士礼貌地向观众席深深地鞠了一躬，然后主动与主持人握手，而这位年轻的女主持人，不仅不起立表示欢迎，还翘着腿，坐在沙发上与院士行握手礼。节目播出后，女主持人这一不当行为，遭到了国内某礼仪专家的炮轰。也许有人会觉得，不就是一个坐着、一个站着嘛，未免太小题大做了吧！我想礼仪专家之所以这么在意，是因为在我们中国人眼里，“坐”与“立”，看似两个简单的动作，但在某些场合，却代表了两种不同的待人态度，更反映出了一个人是否懂礼明礼，体现的是尊老敬长的修为高低。在日常生活中，不要忽略了这些小举动，中华民族的传统美德，正是由这些细微的礼节组合起来的，延续数千年，无论时代如何变迁，从未改变过！

色容

容貌体恭，色容庄

君子之容舒迟，见所尊者齐遬，足容重，手容恭，目容端，口容止，声容静，头容直，气容肃，立容德，色容庄，坐如尸，燕居告温温。

——《礼记·玉藻》

所谓“色容”，其实指的就是一个人的表情礼仪，包括神态、眼神、嘴唇，甚至气息等。

古礼常说，容貌不庄敬，就会伤于德。我们从心理学的角度来讲，就是一个人内心的喜怒哀乐，有时会不自觉地外显在表情上。假如一个人穿着得体，举止也很优雅，但总是不分场合，不分对象，喜欢摆着一副傲慢的样子，眼神里找不到一丝温暖，笑容里见不到一份真诚，我想，再完美的妆容，再优雅的举止，永远也触碰不到受礼人的内心。所以，表情礼仪在人际交往过程中，是不可或缺的。

在古代，人们对色容重视的程度，是很严苛的，正如《礼记·杂记下》所云：“颜色称其情，戚容称其服。”古礼一向讲究，在不同的场合，面对不同的人，什么情境可以笑，什么场合须保持肃穆，无论是参加婚冠、射飨，还是觐聘、军旅等庄重严肃的场合，整个人的体态、神情、声音，甚至包括气息在内，都有不同的礼仪规矩，都要与日常有所区别。下面这段文字，出自《论语·乡党》：

入公门，鞠躬如也，如不容。立不中门，行不履阈（yù）。过位，色勃如也，足躩（jué）如也，其言似不足者。摄齐升堂，鞠躬如也，屏气似不息者。出，降一等，逞颜色，怡怡如也。没阶，趋进，翼如也。复其位，踧（cù）踖（jí）如也。

全文讲述了孔子在乡学、宗庙、朝廷等不同场合，有着不同的色容。文中说的“公门”，是古代国君治朝之地的大门，相当高大。大意是，孔子每次朝见鲁君，进入公门时，都是非常恭敬谨慎地进入公门，而且进门时，一定是走门的右侧，而不走门中，因为那是国君出入的地方。公门有高高的门坎，孔子更不会去踩，因为这样的动作是不恭敬的。每次经过国君的座位时，孔子必定会面色矜庄，小步快行。准备升堂登阶时，孔子都会两手提起衣裳的下摆，使其离地一尺左右，以免踩到衣服跌倒而失态。每当靠近国君时，便躬身微磬，恭敬谨慎，面容保持庄重，且屏息而立。等退出朝堂，走下一级台阶后，他才会稍微放松一些。等下完整个台阶后，便快步向前走几步，身姿舒缓优雅如展开翅膀的鸟儿。等退到之前站立的位置后，仍保持着如面见国君时那样恭敬不安的样子。

从这段惟妙惟肖的描写中，我们可以体会到孔子对色容的重视，对动作优雅的追求。入朝堂时，孔子的神情和仪态，会随着仪式的变化，有时候舒缓自信，有时候恭敬谨慎，有时候又保持着庄严肃穆。通过得体的举止，展现着对君王的尊重，同时又通过恰当的色容，始终表达着臣下对君王的那份恭敬之心，可以说，孔子把古代“公务员”上班的官仪形象展示得恰到好处。

◎ 色容礼仪

有关色容，在许多古籍礼书中，都可以查阅到，如《礼记·玉藻》篇记载君子见尊者时，从头、手、足、目、口、声、气、色等遍及全身的礼仪规范：“君子之容舒迟，见所尊者齐遬，足容重，手容恭，目容端，口容止，声容静，头容直，气容肃，立容德，色容庄，坐如尸。”

由此，我们可以对色容做个简单的总结：

第一，“目容端”。

曾国藩在《冰鉴》中说：“一身精神，具乎两目；一身骨相，具乎面部。”一个人的色容，最能给人留下深刻印象的，首先就是两只眼睛了。透过一个人的眼神，我们可以洞察他的精神状态和内心。《孟子》也说："存乎人者，莫良于眸子。眸子不能掩其恶。胸中正，则眸子瞭焉；胸中不正，则眸子眊（mào）焉。"若要观察一个人的内心，没有比观察他的眼睛更好的办法了。因为只有眼睛最真实，不会掩藏内心。一个人若心胸正直，眼睛则会明亮；若心胸不正，则眼神涣散且混浊无光。古代先贤总结出来的经验，与今天的心理学学说相差无几。

既然目容如此重要，怎样的目光才算合乎礼仪呢？在人际交往中，古礼要求一个人的眼睛，首先要做到"目容端"，即目光要端正，不邪视，以下几点要避免：

第一，"不睇（dì）视"。睇，斜视的意思。与他人说话，不看对方的脸，要不把目光抬到对方的头顶，要不就盯着地面，完全没有目光上的交流。这两种"睇视"会让人产生误会，一种让人觉得傲气十足，目中无人，另一种则是不自信的表现，都会影响到双方的交流。

第二，不盯视。在与他人交流的过程中，我们既要有目光交流，但又不可以长时间盯着对方的脸，或身上的某一点看，这样会让对方感觉不自在。从心理学角度来分析，一个人长时间盯着另一个人看，有可能暗含两层意思，一种是对其充满了爱意，时刻关注着对方；另一种或许是对其充满了敌意。所以，在日常生活中，我们可以盯着一朵花、一只猫，尽量避免不礼貌地盯视他人。

第三，“毋淫视”。这里说的淫视，不是色眯眯地看人，而是指一个人的目光总是游移不定，看人的时候总是上下、左右、来回地看来看去。用这种目光注视他人，往往会让人觉得你心不在焉，或者有轻视他人之嫌。这种飘忽不定的目光，我们应该避免，习惯做到“视勿移”（《弟子规》），学会控制好目光的位置。

第四，不眯视。就是那种对着他人，轻轻一瞥，或眯合双眼，带有蔑视的意味看人。这种目光，常常是一个人内心看不起别人最快速的闪现。我们与他人交往，尊重应该摆在第一位，所以尽量避免眯视。

第五，观视位置。传统目容当中，视线有界限位置之分。古礼要求，不同的交流对象，观视的范围会有不同。《礼记・曲礼下》有云：“天子视不上于袷（jié），不下于带。国君绥视。大夫衡视。士视五步。凡视，上于面则敖，下于带则忧，倾则奸。”这句话完整说明了目容观视范围的礼仪要求：

第一种情况，如果是臣下与天子交流，臣下的视线位置是有规定的。依照礼制，上视不过天子衣领的交叠处，下视不过天子的腰带处。孔颖达在《疏》中作了解释，这是因为“天子至尊，臣之所视不得上过于袷，过袷则慢。供奉至尊，须承候颜色，又不得下过于带，若下过于带，则似自忧戚，不供有事”。天子身份至尊，作为臣下，除了需要躬身微磬，视线范围也有规定：上视的位置，不要超过袷，也就是天子所穿礼服的曲领处。如果视线高过此处，显得不恭敬，属失礼行为。当然，在古代，臣下一般也不会轻易去平视天子。

第二种情况，如果臣下与国君交流，臣下的视线也不可以与国君平视。观视范围与视天子相同，上视要稍低于国君的面部，下视至国君的衣领交叠的位置。

第三种情况，如果臣下与卿大夫交流，臣下的视线位置可以随着谈话的进程而有所变化。比如，刚开始说话时，臣下可与卿大夫“平视”。等到双方交谈进入了主题，臣下的视线可下移到中间位置，停留在卿大夫的衣领处，不再与之“平视”。这种视线下移，算是一种礼貌性的目光回避吧，为的是给对方留一些关于谈话内容的思考余地。最后，谈话即将结束时，臣下的视线需再次“视面”，回到卿大夫的脸上，以示礼貌的同时，顺便也可以看看对方对这次交流的反应。

第四种情况，臣下若与士人交谈，视线的范围则可以更远更宽一些。目光落在对方身体周围，约五步之内的范围，都不算失礼。这是对外交际的视线礼仪。

第五种情况，在家里，身为人子，与父亲交流，视线又该如何处理呢？相比对外，双方的关系更为亲近，视线范围更宽泛，目光更轻松。一般日常的交流，可以与父亲平视，偶尔目光游移一下，长辈也不会怪罪。但是有些情况下，身为人子的视线有严格的规矩，比如父亲站着与之说话，当父说子听时，子的目光须“立视足”（《仪礼》），也就是要躬身站好，视线落在父亲双脚的位置，认真倾听。如果父亲安坐时，子的目光须“坐视膝”（《仪礼》），把视线落在父亲的膝盖处。也许有人会疑惑，为何只看膝盖，看着其他位置不可以吗？其实，偶尔看着别的地方，也不算失礼。但是，把视线落在长辈的膝盖处，有个好处，就是长辈起身时，晚辈看得到，这样就可以迅速上前去搀扶。

由此可见，一处细微的观视位置，就足以体现古人对尊师敬长的重视程度。不论对外还是对内的交往，古礼的视线技巧，虽说不太符合我们今天的交际，但那种时刻懂得尊重他人、保有一颗恭敬之心的礼仪精神，值得我们后人传承。

第二，“色容庄”。

古人与我们一样，非常注重自己的外表，尤其是容貌，最主要的要属表情。“色容庄”，即表情要保持庄重恭敬，从容而温和。这种表情是古人在人际交往中最高级的一种色容。整个表情沉稳而不沉闷，亲和而不亲昵，很有分寸感，所以古人常把“色容庄”运用在对外的社交往来中。

举个例子，最能表达开心的表情，就是笑。孔颖达在《礼记·檀弓上·疏》中，分别描述了三种笑的状态：“凡人大笑则露齿本，中笑则露齿，微笑则不见齿。”一个人如果大笑起来，就会很容易露出牙齿。大笑露牙如此，若露出齿龈部分，则更是失礼。而我国传统文化当中，一向以含蓄、节制为美，对于笑这种表情，对外的人际交往不喜过于夸张，以“笑不露齿”为最得体。说到这里，也许有人会说：“在交谈中，肯定会遇到一些让人捧腹大笑的话题，情到深处，何不开怀大笑？”其实，古人也并不都是一板一眼、一成不变的。开怀大笑是一种情绪的释放，在古代也完全没有问题，但要看对谁，如果面对的是关系亲密的亲朋好友，完全可以放松心情，色容宜温不宜庄，否则就过于生分了。反之，对一个初次见面的友人，色容宜庄不宜温，要有分寸。当然，在家里，面对一些特殊情况，如自己的父母生了重病，身为人子就不可以随意嬉笑。记得某娱乐新闻报道，某明星参加葬礼时，居然面带微笑，自然是遭到大批网友的谴责。在这样一个悲痛的场合，微笑不合时宜，实属一种失敬之举。

第三，“色思温”。

“温”，顾名思义，就是温度、温暖。试想一下，一个人的容貌看起来很温暖，那内心自然也是有温度的。孔子说：“色思温，貌思恭”，与他人打交道，要注意自己待人的态度，要想想神情是否温和，仪态是否恭敬。用我们今天的思维来分析就是，态度好，大家都容易接受，不仅无形中缩短与对方的距离，还可以使关系更为亲近。一代英主唐太宗李世民，传说也有过一段苦练表情的故事。李世民有一个习惯，每次与大臣们谈话，总是板着一副冰冷的面孔，搞得氛围极为紧张。后来，经过魏徵的提醒，李世民也觉得，表情过于严肃，大臣们不敢亲近。于是李世民每天对着镜子，进行微笑练习，没想到还挺有成效。

虽然这个故事并无历史依据，但至少说明了，一个人的表情要随着场合和情境的变化，主动做出调整，不可随性而为。李世民的微笑之所以有成效，我想，不仅仅只是一面镜子的功劳，最重要的还是心态上的转变，神情自然就有所改变。这一点，孔子曾对子夏谈论过孝道，就提到过“色思温”的问题。他说：“色难。有事，弟子服其劳；有酒食，先生馔（zhuàn），曾是以为孝乎？”孔子认为，一个人要孝顺父母，只是供养他们，让父母有吃有喝。老年人有事，年轻人尽力去效劳解决，这些做起来并不难，一般人很容易做到。在侍奉父母时，子女脸上要始终保持和颜悦色，这才是最难的！

其实，古代圣贤谈论的“色难”，在我们今天的社会，也是一个大问题。常说，久病床前无孝子，就是这个意思。父母年老了，腿脚不便，反应也缓慢了，说话啰嗦，久而久之，都有可能会让年轻人没有耐心，也很容易把厌烦的情绪显露在脸上。《曾子》说，大孝有三：“大孝尊亲，其次不辱，其下能养。”要做到孝顺父母，排在第一位的，是大孝尊亲。意思是，作为子女，在社会上要树立一个好名声，要让父母感到光荣，这才是真正的孝顺父母。其次不辱，作为子女，在社会上不要做坏事，不要让自己的父母受到别人的羞辱和耻笑。因为别人批评自己的时候，也会连累到自己的父母。最后才是其下能养，要让年迈的父母吃饱穿暖。所以，《曾子》的大孝论，正好体现了中华传统孝顺的观念，其实，“色难”与否不是很重要，最重要的是对待父母，内心要真心实意，因为心诚自然“色思温”。

行走

进退揖让，以明礼

步履欲重，容止欲舒。周旋迟速，与仁义俱。行不畔乎仁义，是为坦途。

——《幼仪杂箴·行》

行走对于我们来说，应该再日常不过了，每天出入不同的场合，参加不同的活动，行姿要求也会不同，不过与古人相比，那就要简单得多。比如，古人对行走的名称，就比现代人分得细，古人说的“行”，是我们今天正常速度的走。古人说的“步”，就是慢慢的走。而古人说的“趋”，相当于今天的快步小跑。古人说“一起走走吧”，千万不要理解错了，真正的意思是甩开膀子飞奔吧。是不是有点复杂？除此之外，古人对走相也十分讲究，尤其是贵族阶层，因为受到各种礼制的约束，要比普通百姓更加重视行姿走容。上至朝堂天子，下至达官显贵，不同的身份、不同的场合、不同的情境，行走也各有不同。

◎ 行走方式

古人对走路的方式区分较细，比如在汉代乐府诗《陌上桑》里面，罗敷赞美自己的丈夫时说：“盈盈公府步，冉冉府中趋。”丈夫在自己府中行走时，就用步。出入官府时，则用趋。这里说的“步”和“趋”，分别是古代的两种行走方式。《释名·释姿容》指出：“两脚进曰行。徐行曰步。疾行曰趋。疾趋曰走。奔，变也，有急变奔赴之也。”刘熙把古代行走的步态分为步、趋、走、奔、翔五种。其中“步”，属于走路速度比较慢的。而“趋、走、奔、翔”，则属于比较快的走法，且各自的速度、幅度，轻重缓急、深浅高低都有差异。行走时，要视具体情况而行之。

第一种，步。

在古代，“步”又称“行”。《释名·释姿容》解释为“徐行曰步”，这就很好理解了，走路节奏慢，比如古人送别之际，双方舍不得分离，于是“行行重行行”，送了一程又一程，走路的速度很慢。“步”，也就是我们今天说的慢慢悠悠地散步。

第二种，趋。

“疾行曰趋”（《释名·释姿容》），也就是小步快走，介于走和跑之间的那种步伐。贾谊在《新书·容经》里描述趋容为：“趋以微磬之容，飘然翼然。肩状若沠（liú），足如射箭。”趋行时，头微低，上身微磬前倾，迈小碎步快走。步幅虽然小，但步频较快。

"趋"在不同的情境下，分为两种不同的形态。古人根据趋行的步子频率大小，又把趋细分为"疾趋"和"徐趋"两种。何为疾趋？贾公彦《疏》"行而张足曰趋是也"，迈步的时候，使脚后跟离地，小步急走。何为徐趋？行走姿态需"举前曳踵"，迈步时脚后跟尽量不离开地面，抬起前脚掌，快步徐行。相比疾趋，徐趋有一个特点，那就是迈快步的过程中，又要控制步幅徐行，不让自己走得太快。我们这么理解吧，迈快步是对他人不敢怠慢的一种敬意的表达，同时快中又要慢，保持一种谨慎。

趋行在古代是一种常用礼节。因为徐趋的形态有"敬""慎"两种立意，也就成为了晚辈专门向尊长、贵宾表示恭敬的一种常用礼节。比如，当听到长辈呼喊自己时，一定要趋行至尊长面前去，那种慢腾腾、晃晃悠悠的走路姿势，都是十分不礼貌的。《论语·季氏》中就记载了孔鲤两次"趋庭而过"的故事：

> 一天，孔鲤经过庭院，正好看见父亲孔子立于庭，于是便趋而过庭。孔子叫住鲤，询问道："学《诗》乎？"鲤答道："未也。"孔子说："不学《诗》，无以言。"于是，鲤退而学《诗》。他日，鲤又趋而过庭，孔子再次问道："学《礼》乎？"鲤对曰："未也。"孔子说："不学《礼》，无以立。"于是，鲤退而学《礼》。

正因为有了孔子和孔鲤父子俩的这段对话，从此，“趋庭”便有了专指承受父亲教导的意思，而“鲤对”，则专指儿子回答父亲的询问。在唐代文学家王勃的《滕王阁序》中，为了表达将要去见自己的父亲，写下了“他日趋庭，叨陪鲤对”，这句诗文便出自孔子教子的故事。“趋”不仅是古人对尊长、宾客的致敬之礼，有时候，即使对方并非尊者，只要认为对方是一个值得尊敬的人，也可以向对方趋礼。据说孔子就有这样的习惯，凡是遇到穿丧服的人、穿着朝服的人以及盲人，即使是经常相见，孔子从他们的面前经过时，不论年龄大小，都会礼貌地小步趋行，以表达对居丧者、弱者的同情，以及对公务者的尊敬之意。

趋礼，在古人的日常生活中使用如此频繁，更不用说在朝堂之上了。《礼记·玉藻》篇有云：“凡君召以三节，二节以走，一节以趋。”在古代，国君派使者召见臣下时，会使用三个符节，来表示事情的紧急程度。如果是两个符节，表示事情很紧急，臣子就要“走”着去见君王，也就是今天我们说的跑着去见君王。如果只用一个符节，则表示事情不太紧急，但臣下还是须趋行前往。总之，作为臣下，不论事情缓急，国君召见，就不能走得太慢，等见到君王时，更不能不趋。事实上，在古代朝仪中，不仅入朝时须趋行，退朝时，大臣们也须趋行。比如在汉初，叔孙通为汉高祖所制的朝仪中就明文规定，臣子每次朝见皇帝时，常礼都要用趋行。如果谁入朝，当趋而不趋，那是要受惩罚的。

也正因为趋行如此受重视，据史料记载，在历史上也出现过入朝见君可以“不趋”的情况，因为这是一种极高的特殊礼遇。据《史记·萧相国世家》记载，汉高祖“乃令萧何第一，赐带剑履上殿，入朝不趋”。刘邦批准萧何上朝时可以“不趋”，同时还可以不解佩剑、不脱鞋上殿。在那个时期，臣下带剑履上殿，也算是汉朝史无前例的礼遇了吧。因为从秦朝开始，就已有明确的法令规定，臣下是不可以带剑上殿的。

以上说的“不趋”，在古代，属特殊场合下特殊身份的礼遇。一般情况下，人们趋不趋、如何趋，都要视具体场合、具体情境而定。《礼记·曲礼上》就载有“三不趋”的场合：

其一，帷薄之外不趋。

在古代，天子居住的地方，会在门外设置屏风，臣下面见天子，进入屏内都须趋行。而诸侯住的地方，在门内设屏，臣下在屏外也须趋行。大夫、士住的地方，虽不设屏，但大夫家设帘，士家设帷，所以“帷薄”实指士大夫的居所。臣下见士大夫，在幔帘外，看不到里面的人，所以不见不施礼，可以“行自由，不为容也”（郑玄《礼记注》），更无须趋，正常行走，不失礼。

其二，堂上不趋。

孔颖达注，因为“堂上迫狭故也”，堂上空间比较狭小，徐趋即可。如果疾趋，就很容易磕碰到。如果堂上有尊长在，则以徐趋示敬，等到了堂下，便可疾趋。

其三，执玉不趋。

庙堂之上，属庄严的场合，执拿玉器或其他贵重器物时，万不可趋行。一是显得不庄重，二是担心一旦发生意外，被绊倒有可能摔坏器物。所以，对执拿玉器时的走姿，要求极高。《礼记·曲礼下》载：“行不举足，车轮曳踵。”可以看出，对执拿玉器时的走姿，是极为谨慎的。首先，执拿玉器行走时，表情需庄重肃穆。迈步时，不可以像平日里那样，抬腿举足就走。迈步的方式，讲究起前拽后。就是先抬起脚尖，脚后跟不离地。然后，像车轮滚动那样，脚底几乎要蹭着地面，慢慢地往前拽地而行。步伐要紧凑，以至于旁人都看不到鞋底。只有这样的走姿，古人认为才足以向天地神灵、祖先，表达恭敬和虔诚之心！

第三种，走。

“疾趋曰走”，也就是今天说的小跑，古人叫做“走”，速度比“趋”快一些，行走时，需摆动双臂小跑。除了有急事，一般在什么情况下，还会用到“走”呢？比如下对上，庶人见到国君，一般都是“不为容，进退走”（《仪礼·士相见礼》）。平头百姓一般不用趋、翔这样的走姿见国君，进退都用“走”。再如，平时在家里，长辈有事情呼喊自己的名字时，作为晚辈除了要急声应“唯”，而不缓声应“诺”（这是两种应答之辞，“唯”急而“诺”缓。“唯”比“诺”要恭敬）。此时，如果手头有事，要赶紧停下来，嘴里有食物要立即吐出来，要迅速小跑过去，而不是快步趋行到长辈跟前。所以古人的“走”，相对于“趋”，速度更快，态度更为谦卑、恭敬。

第四种，奔。

“奔”，我们还是好理解的，就是快速地奔跑，也就是“走”。只有在非常紧急的情况，才用到“奔”，平时的礼仪场合，不常用到，所以在这里，也就不作详述了。

第五种，翔。

“翔”，本有翱翔之意，郑玄注：“行而张拱曰翔”，张臂但不甩手臂，形如鸟翼舒展。缓步谓之翔趋，慢行谓之翔步，快趋则谓之翔行，速行谓之翔走。张艺谋执导的影片《影》中，有一场翔行的画面：身着宽大朝服的大臣们，登阶入堂时，张拱双臂，细步趋行，宽大的衣袖顺势垂下，随着徐徐向前的步伐，有节奏地飘动着。乍一看，数位大臣，整整齐齐，“济济翔翔”走在朝堂之上，像极了禽鸟展翅飞翔，场面美到了极致！

当然，身姿再美，古人也不会处处都翔行，在日常生活中，以下几种情况不适合翔行：

第一，父母有疾不可翔。父母有病在身，身体上正承受着痛苦呢，子女走路，根本就顾不上好不好看了。如果走路翔行，说明自己的内心，还是不为父母身体健康担忧。第二，“室中不翔”（《礼记·曲礼上》）。因为室内终归要比朝堂、庭中狭窄，走路不可张开手臂翔行。第三，“入临不翔”（《礼记·曲礼上》）。“临”，参加葬礼的意思。在那种哀伤的场合，一个人若用翔行，是对逝者的不尊。

虽然我们把“步、趋、走、奔、翔”的行走动作，以及有关的礼节都一一弄清楚了，那何地该“走”，何时该“行”呢？《尔雅·释宫》指出，“室中谓之时（chí），堂上谓之行，堂下谓之步，门外谓之趋，中庭谓之走，大路谓之奔”。古人在室内、堂上、堂下、门外等几个不同的地方，都有不同的走相。第一个地方，室内。因为空间比较狭窄，采用“室中谓之时”最合适。“时”有徘徊、来回走动的意思。在室内行走，需来回往复，步子一定要小要缓。第二个地方，堂上。“堂上谓之行”，堂上的空间也不太大，关键此处是行礼之地，行走时步子需要不大不小，速度不应太快，正常行走就可以。第三个地方，堂下。“堂下谓之步”，在堂下行走，空间较堂上宽阔许多，步幅舒缓放开，可闲庭信步般，漫步于此。第四个地方，门外。“门外谓之趋 ”，出了门，空间更为自由，行走速度可小步快行。第五个地方，庭。“庭”不是宅院里的庭，而是宫廷之廷。“中庭谓之走”，意思是只有朝中之庭，这么开阔的大空间里，才有迈开大步“走”的条件。至于第六个地方，“大路谓之奔”，我们就更好理解了。

◎ 行走步法

古人在不同的场合，随着不同的情境，步法也会随之改变。

第一类，日常步法。

古人平常行走，采用“安步”，状态就像平时我们不赶时间，也不着急地走。行走时，双脚尽量不离地，衣裳下摆也不离地。每迈出去一步，就像水流一样，安稳前行。在古代，在堂上、室内，平时都可采用“安步”。

第二类，登阶行走。

连步 连步是古代登阶时的一种礼节。所谓“连步”，就是登台阶时，前脚登上一级，后脚再与之并齐。接着再迈第二级台阶，就这样一脚随一脚地往上登，不能一足越一级，这种步法，古人又称之为“拾（shè）级聚足”。《礼记·曲礼上》有云：“主人与客让登，主人先登，客从之，拾级聚足，连步以上。”有宾客到来时，主人迎宾进门。双方来到堂前，准备登阶时，首先互行揖礼，主人先从东阶登阶上堂，而客人则从西阶登阶。双方登阶有一个小细节，也算是小礼节，主人登东阶时，要先抬右脚登阶，而宾客则先抬左脚。宾主双方就是用这种“拾级聚足，连步而升”的登阶方式，来相互表达敬意的。同时，连步也常用于各类祭祀仪式中。只可惜，现在的中国，虽然也经常举行各类祭祀大典，但“拾级聚足”的登阶步法已很少见到了。

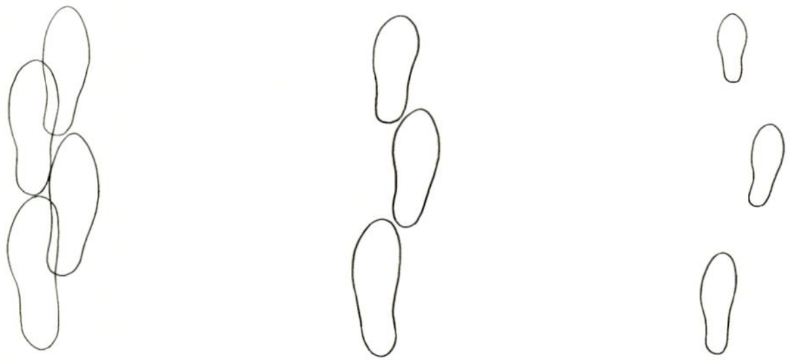

历阶 登阶时，前脚登上第一级后，接着后脚登上第二级台阶，就这样，一步跨一级，双脚不并立。其实，历阶跟我们现在平日里的登阶方式是一样的，即一步一台阶。但是在古代，只有发生急事时才历阶行走。

越阶 从字面上我们也能知道，越阶指的是越级而登。当前脚登上第一级台阶后，后脚接着就跨到了第三级台阶上。这种步法，在古代，只有在特别紧急的情况下，才会如此登阶。同样，在今天，若没有特别紧急的事情，也不会这样子一脚跨好几级，越阶而上。

第三类，庙堂之上。

西周时期，贵族的男子们为了标榜自己优雅的步态，流行身份越高者，步子越小，行走越缓慢，因为只有这样的步伐，才能显出贵族的气度。据《礼记·玉藻》载："君与尸行接武，大夫继武，士中武，徐趋皆用是。疾趋则欲发，而手足毋移。"当时要求大贵族们在庙堂上走路，须走出"接武""继武""布武"的步法，以体现"君臣尊卑，迟速有节”。下面我们仔细来看看这三种步法的特点：

第一，接武，祭祀大典时国君与尸行走时所使用的步法。武，足迹的意思。接武，指“二足相蹑，每蹈于半”，意思是，迈步行走时，前脚迈出去，后脚的脚印要紧跟着前脚印的一半，也就是前后两步的足迹，需要重叠一半。整个步子要小，速度要慢，需细步徐行。从我们现代的角度来看，这种步法实在是太小了，古人会在什么地方用到呢？《礼记·曲礼上》有云：“堂上接武，堂下布武”，接武的姿态因迈步谨慎且庄重，所以大部分会用在庙堂之上，或国君在宗庙里与尸（代表死者受祭的活人）同行时用。

第二，继武，是“谓两足迹相接继也”。步伐比接武稍大些，速度快一些。迈步时，当前脚跨出后，后脚的脚印要与前脚的脚印相连接。继武一般为大夫所用步法。

第三，布武，又叫“中武”。布，有分布、散布的意思。布武，是“足间容一足之地”，前后脚之间隔一足的距离，前后脚印不相连接。布武的步子较大，属正常的步幅。一般为士在庙堂上所用。

第四类，反转回行。

《礼记·玉藻》曰：“周还中规，折还中矩。”走路转身的时候，步伐足迹，要圆如规，拐弯的时候，要方如矩。左右转时，足迹要走成一个直角。古人的左旋、右旋，与我们现在的左转、右转不同，古礼中说的左旋之意，即向自己左侧转行时，右脚在外，走出一道弧线形。右旋，则反之。在今天日本的弓道比赛中，仍能看到我国古礼中周旋、折旋的影子。

◎ 行走与配饰

古籍云："经礼三百，威仪三千。"商周时期开始，就单单一个走路，差不多就有五种以上的走相、八种不同场合的步法，走起路来，姿态规矩得体，且行走有序。上至朝堂天子，下至普通百姓，在行进礼容上，始终"行之有礼，走之有仪"。古礼规定，不同的场合，面对不同的对象，行走的姿势也会不同。"天子穆穆，诸侯皇皇，大夫济济，士跄跄（qiāng），庶人僬僬（qiáo）。"（《礼记·曲礼下》）比如天子走路，要威严肃穆，而诸侯虽不及天子的威仪，但行容气质一定要有精神。大夫行走时，需徐行有节。而士人则要舒展得体，谨慎有节律。至于最底层的庶人，因为平日里没有什么礼仪场合要参加，也就没有这么多礼规要求，行走姿态自然就可以了。

我们在影视剧里面也能见到古人的走路形态，与今人相比，还是有很大的区别。贾谊在《新书·容经》篇里，对古人走姿作了具体的规范："行以微磬之容，臂不摇掉，肩不下上，身似不则，从容而任。"意思是：行走时，身体要端正，上身微磬。手臂尽量不甩动（古人一般多为拱手或垂拱），即便垂手而行，摆动的幅度也不可过大。双肩平展，不能忽高忽低，晃来晃去。整体看起来，步态稳当自然，从容而行。

我们先来看看古代女子的行姿。

与现代女性走姿相比，古代女子的步态有其独特之处。其一，两者气质相反。现代女性行走时，身体挺胸收腹，立腰平肩，主要以挺拔为美。垂手而行时，手臂自然摆动，以显端庄和自信。而古代女子的行姿，恰恰相反，需微微含胸、挺肚，且袖手腹前，力求温顺、含蓄之美。其二，视线位置不同。现代女性行姿，目光平视，步伐稳健前行。而古代女子走路，需视线低垂，莲步轻移。

如此一对比，古代女子这般温婉柔美的步态，对于现代女性来说，恐怕很难做到。众所周知，古代贵族女子的发髻上，常会戴钗冠。因钗的顶端有垂珠，随着脚步的移动，会一步一摇，于是白居易的《长恨歌》便有了："云鬓花颜金步摇，芙蓉帐暖度春宵。"故这种形制的钗冠，又称为"步摇"。当然，步摇都是贵妇的首饰，至于穷人家的女性，就只能用骨、竹甚至荆条来作簪、钗了。步摇除了可以固定发髻、装饰头发之外，还有一大用处，就是可以用来

上图◎
唐·周昉《簪花仕女图》（局部）
女子头戴簪花、高髻、步摇钗

端正身姿，调节步伐大小。女子的步子，走得太慢，插在发髻上的步摇，便没有了摇曳生姿的美态，步子若迈快了，步摇的坠子、珠子摇摆幅度又会过大，叮铃咣当会作响，显得女子走路不稳重。所以，只有端正身体，含胸袖手，“莲步乍移兮，待止而欲行”（《红楼梦·警幻仙姑赋》）。只有微步徐行，才能控制好发髻上的步摇，恰到好处地轻轻摆动。据说，魏晋南北朝时期，上至皇后，下至普通百姓的女子，穿礼服时，头上常戴假发髻，然后再插上一支步摇花，甚至有的还会加上多只步摇。尤其是皇后，为了显示尊贵的身份，头上的步摇多达十二钿。可想而知，要想走出母仪天下的姿态，难度系数就更大了！

再看看古代男子的行姿。

众所周知，古人爱玉，喜欢把玉独特的品质比作人格。所以在

上图◎先秦时期的大贵族，盛行佩戴形制较大、组合复杂的玉佩组合。

古代，玉是一种代表着“君子如玉”的高级饰品，涵养较高的人，都非常看重佩玉，故有“君子无故玉不去身”的说法。早在西周时期，便有了雕玉佩环的礼仪制度。大贵族们的服饰上，不仅要在腰前系上较宽的市（fú），还会在身前系成组的玉佩，垂至于腹下。不同身份的人，佩戴的种类也会有差异，据《礼记·玉藻》载：“天子佩白玉而玄组绶。公侯佩山玄玉而朱组绶。大夫佩水苍玉而纯组绶。世子佩瑜玉而綦（qí）组绶。士佩瓀（ruǎn）玟而缊组绶。孔子佩象环五寸而綦组绶。”天子、诸侯和士大夫们，各自身份不同，佩玉的颜色就会有差异，玉的等级就有高低。诗经《郑风·有女同车》对玉佩也有美妙的描写，“将翱将翔，佩玉琼琚”“将翱将翔，佩玉将将”。男女同车出游，美丽的姑娘下车时，体态婀娜多姿，轻盈如飞鸟般好看。身上佩戴的各式各样、叮当作响的佩玉和姑娘说话的声音，都是如此让人难忘。总之，在古代，上至天子诸侯，下至有财力的人、有文化修养的知识分子，都有用玉装饰身体的风气。

这些挂在身上的佩玉，不仅是贵族身份的象征，还另有用途，意在“节步”。在古代，身份不同，步法也会有差异，身份越高的人，腰间挂的组玉佩就越长，行走时就越慢，慢中才会体现高雅。

换句话说，走姿步态好不好看，与佩玉发出雅音有很大的关系。只有佩戴者行有节度，才能使佩玉相互碰撞，发出“将将”动听的雅音，才能为其容貌、礼仪增色。

何为雅音呢？大家都知道，我国古代音律与现在不一样，只有五个音阶，分别是：宫、商、角、徵（zhǐ）、羽，大致相当于现代音乐简谱上的1（do）2（re）3（mi）5（sol）6（la）。要让佩玉在走动时发出如此动听的雅音，可想而知，是需要技巧的。《礼记·玉藻》中就记载了如何走出“雅音”的要领：“古之君子必佩玉，右徵、角，左宫、羽，趋以《采齐》，行以《肆夏》，周还中规，折还中矩，进则揖之，退则扬之，然后玉锵鸣也。”行走时，要让右边腰间的佩玉，轻轻碰撞出徵声和角声。而挂在左边腰间的佩玉，碰撞出的声音，要像宫声和羽声那么好听。所以，行走时，身姿要端正，稳步前行，不急不慢，不可摇头晃肩。反转回行，步子要呈弧线。拐弯时，步子需呈直角矩形。前进时，身体需微磬。后退时，又需往后略仰一些。只有掌握了这些行走动作要领，腰间的佩玉才能发出美妙动听、锵锵的雅音。

古代行容虽然复杂，但部分走姿礼仪，是非常适用于现代人的生活和工作的，同样也可以发挥作用。比如工作中，在办公区行走，一定要懂得控制脚步。经过他人的办公室，或会议室门口时，脚步须放轻缓，尤其是穿高跟鞋的女性，一定要注意脚下留情，不要制造杂音，以免干扰到他人。再如我们去博物馆、展览馆或图书馆等，这些需要营造安静气氛的场所，每个人都需要自律守规，做一个行走有仪、步态有礼的文明人。

◎ 共行礼仪

有一位英国的传教士，叫余恩思（Bernard Upward），清末年间，曾在我国汉口传教。他在《汉人：中国人的生活和我们的传教故事》这本书中就描写过国人走路的规矩给他留下了深刻的印象，他说："走路时，年轻一点的一定要跟在年长同伴之后，保持一步之遥，决不可并排而行，否则会被视为失礼，不成体统。"由此可见，古人行走除了要行之有仪，更要走之有礼，与他人共行，讲究先后顺序，始终把对尊者的礼敬放在第一位。这一点《礼记》中有明确的记载。

第一，"父之齿随行"。

"齿"，年龄的意思。如果与自己父亲差不多年纪的人同行，作为晚辈应该跟随其后。同时，还要注意自己走路的步幅、速度都不要过快，要照顾到长辈走路的速度，尽量与对方的节奏相配合。与此同时，上车、下车、进门、出门，都要先礼请尊长走，自己则走在后面。

第二，“兄之齿雁行”。

与自己兄长一样年纪的人同行，应该走在其左右身旁稍后的位置，就像大雁飞行列成的“人”字形那样。

第三，“朋友不相逾”。

和自己的朋友并列行走时，不可抢着走在前面。如遇到狭窄的地方，应该相互谦让，不可抢行。更不可相互之间勾肩搭背、打闹嬉戏。

第四，“遭先生于道，趋而进，正立拱手”。

在路上遇见自己的老师，应该主动快步往见，走到老师的身边，立正站好，拱手示意。如果自己正驾着车或者骑着马怎么办？若无特殊情况，不可以就这么飞驰而过，这是一种无礼傲慢的行为。一般情况下都须放慢车速，或者主动下马，这是对尊长的礼敬。这种情况如果放在今天，在大马路上开着车，自然不会停下车来打招呼，毕竟安全第一。但是，如果在路上、走廊里或者电梯里，见到了我们认识的尊长，要主动打招呼。如果距离较远，虽然不需要像古人那样“趋而进，正立拱手”，但可以向对方点点头，打个招呼，这是最基本的礼节。当然，“遇于道，见，则面，不请所之”。路上偶尔相遇，尊长看见了自己，就要上前行礼，没看见则回避，不要烦扰人家，更不能贸然问人家去哪里。

第五，“轻任并，重任分，班白不提挈”。

多人同行，且都带着行李，如果行李比较轻，独自担着就行。如果行李比较重，不能让一个人担着，年轻力壮者多分担，尤其是同行中有老年人，更不应该让他拿着行李走路。走路时，对年岁较大、行动不便的长辈，更要给予关心和照顾，时时加以搀扶，提防他们摔倒。

第六，“离立不参”。

《礼记·曲礼上》说：“离坐，离立，毋往参焉。离立者不出中间。”这里的“离”，有并列的意思。也就是说，如果见到两个人并排坐在一起，就不要插身到他们的中间去。如果见到两个人并排站在一起，就不要从他们的中间穿行，这样会干扰到他人，属失礼行为。

第七，三人不并行。

在较为狭窄的地方行走，三个人最好不要并排行走，因为这样会占据大部分的空间，挡住别人的去路，妨碍其他人通行。最好的方式就是，按照尊卑长幼的顺序，两人一排、一人在后的方式行走。

今天，我们身边依然有许多“文明”的现代人，仍旧不会走路。在公共场所，尤其在狭窄的道路上，经常可以看到这样的情景，三三两两的人群并排行走，占领着整个行道，使得其他人无法快速通过。大家都知道，我们国家目前遵循“靠右”通行原则，如果多人同行，则需视路况，两人或三人一组分列而行，把道路的左侧让出，以供他人通过。除此之外，地铁台阶、过街通道等，这些地方最容易造成堵塞，如遇上下班高峰，更需要养成良好的行路习惯，在狭窄的区域，自觉靠右有序通行，不抢行、不逆行，保持道路畅通，降低潜在的危险。

◎ 出行礼仪

今天，如果我们要去一个较远的地方，会有各种便捷的出行方式，比如开车、坐火车、乘飞机都可以。在古代，也有车、马、舟这样的交通工具，但只属于达官显贵们，大部分的普通百姓还是要依靠两条腿出行。古人行路靠哪边呢？会不会跟我们今天一样也有交规呢？既有出行，必有路。与今天相比，古代的路较为复杂。“路”是古代道路的总名，古人根据用途把路细分为道、路、途、行、径、术、街、衢等。这么多的道与路，该怎么走才不至于违反交规呢？

第一，行不从径。

“径”，狭窄的小路，又称“步道”，人可以步行，但车马不能通行，所以古人一般不选择走这种小路。要走也是选择那种又宽又直的大“道”，相当于我们今天的大马路，人和车马都可以通行，所以又称为“正道”。与之相对的就是“间道”“邪道”，这些路是有人为了抄近路、走捷径走出来的。这种路的特点，比“步道”还要狭窄，也相当偏僻，人迹稀少，杂草丛生，走起来非常困难。所以，在古代人们一般不会去走“邪道”或“间道”，还是喜欢走“正道”，踏踏实实做人做事。据古籍《周礼·秋官》载，在周代有类似于今天交警的工作岗位，主要负责管理交通、庐舍、道禁的秩序，其中之一就是“禁野之横径逾者”，见到有人走上了“邪道”或“间道”，该警示的警示，该处罚的处罚。

第二，男女异路。

现代礼仪，男女结伴而行，讲究“男左女右”，这是从女士的安全考虑，目的是为了让女士离马路远一点，毕竟车来车往比较危险。而古礼规定：“道路，男子由右，妇人由左，车从中央。”（《礼记·王制》）在路上行走，男女同向要分行。男子靠右边，妇人靠左边，车从中间走。这是为什么呢？其实这种男女别道、不能并行的礼规，不为别的，只是为了避嫌而已。女子在男子的左边走，就等于男子的右手也就离女子的身体远了一些，更何况车还在中央走，距离保持得够远的了。据资料记载，到了唐朝，“男女异路”的习惯才慢慢改变。其实在那样一个十分讲究“男女授受不亲”的时代，类似于这样的男女礼规有很多，比如男女之间授受物品时，一方得先将物品放下，放在哪儿都行，就是不可以直接递送过去。然后另一方才可以拿过来。如果双方实在不方便这样倒来倒去，男方则需用左手递接，这么做也是考虑到了男女之别。从今天的角度来看，这些与人性太过悖离的礼俗，随着时间的推移终究消亡自有其必然。

第三，相向而行，靠右通行。

与“男右女左”的情境不同，这则礼规是针对所有人而言的。不论男女，双方相向而行时，与我们今天的交规相同，那就是各自主动靠“右”通行，才符合礼规。为何是右侧？走左侧不行吗？据礼书记载，靠右行走的形成原因与左右方向的礼仪含义有关。

我们先说说靠“左”的含义吧。据说，古人打仗作战，都习惯用右手拿武器。当两人骑马交战时，各自都会靠自己的左边，也就是冲向敌方的右边，目的就是为了让自己右手中的武器，更能靠近敌方，发挥攻击力。对方也是如此。

为了区别战场上的这种敌视行为，古人在日常生活中，出于礼貌自然会选择靠右通行。比如，古代的射礼，虽说也是一种尚武行为，双方需互争高下，但毕竟不是上战场须互冲杀敌，射礼是竞技体育，也是一种德行的较量。在比赛过程中，竞技双方会分成两队，每次每队各出一人武装上场，进行射箭技艺较量。当双方在阶前交错时，为了有别于战场上的敌对行为，“与升射者相左，交于阶前，相揖”（《仪礼·射义》），双方都会靠右走，并相互揖礼。射箭能否射中，只是能力上的高下，但必须做到彬彬有礼，“其争也君子”（《论语·八佾》）。说到这儿，我们也就明白了，主动靠“右”行走，把自己的左边让给迎面而来的人，其实是一种友好、善意的表达。

关于出行礼仪，《论语·颜渊》载：“出门如见大宾，使民如承大祭。己所不欲，勿施于人。在邦无怨，在家无怨。”出门要像接见贵宾一样充满敬意，不管在家还是在外，都能与人和睦相处。据说早在唐代就颁布过一则《仪制令》，算是我国最早的交规。其中一则礼仪要求“少避长，轻避重，去避来”。要求出行，在狭窄的路上行走，幼者须要礼让长者；携带物品轻者，须谦让重者；出者须礼让来者。倡导百姓文明出行，相互谦让，多替他人着想。如此细化、规范的行路风貌，虽说距今已有一千四百多年的历史，在今天仍然很实用，可以作为我们的行动准则。

上图◎
北宋·张择端《清明上河图》（局部）

衣冠

服章之美，谓之华

礼仪之始，在于正衣冠
——《礼记》

关于古人的服饰，他们穿什么款式？喜欢什么颜色？喜欢戴什么饰品？今天的我们，对此仍旧充满了好奇。

古礼说："礼仪之始，在于正衣冠。"（《礼记·冠义》）学习礼仪首先得从端正容貌和服饰开始。早在商周时期，我国的冠服制度就已经很完善了。据《周礼·天官·冢宰》记载，周王宫廷就设立了"司服""内司服"这样的官职，专门掌管王室的衣冠服饰。正因为古人对衣冠制度非常推崇，在《春秋左传正义·定公十年》中有云："有服章之美，谓之华；有礼仪之大，谓之夏。"这便是"华夏"之称的由来，由此中华民族更有了"礼仪之邦""衣冠之国"的美誉。到了唐朝，衣冠礼制更是达到了一个鼎盛时期，甚至高丽、日本等诸多东亚国家派大批留学生前来我国专门学习。直至今日，我们仍旧可以从日本的传统服饰当中，领略到我国大唐时期衣冠服饰的魅力。

我国古代的衣冠服饰，大体可以分为冠冕和衣服两大类，具体包括头衣、上衣、下裳、足衣。

◎ 头衣

头衣，就是我们今天说的帽子，在古代还有一种说法，称为“元服”或“首服”。这是因为古代的成年男子到了一定年龄要行冠礼。在第一次加冠时，嘉宾会送上这样一句祝辞：“令月吉日始加元服。”郑玄注：“元，首也。”就是头的意思，所以“头衣”又可以称作“元服”或“首服”。

头衣，是古代贵族服饰礼制中很重要的一个组成部分。据《仪礼·士冠礼》载，人从一出生开始，便要蓄发。因为在古人的意识里，头为元阳之府，是身体中最重要的部位。等到了十四五岁，女子要把头发梳成发髻，并戴上簪固定好。贵族家男子到了二十“弱冠”之年，要行冠礼，头上要加冠，而庶民男子，头上也需要着巾。

所以，首服或元服，从总体形制上，大体分为冠、冕、弁、帻等。

上图◎ 梳高髻，肩披巾帛，身着长裙的唐代宫女
唐·永泰公主墓壁画（作者摄于陕西省乾县）

第一类，冠。

冠在古代是一种身份的象征，是贵族共用的首服。平时戴的冠用玄黑色（黑中带红），如有丧服则用缟素（白色）。

戴冠是古代贵族士以上阶层男子礼仪上的要求，对于下层的平民男子，不是不能戴，要戴也只能戴帻（zé）。所以，古代贵族成年男子，在公开场合都要戴冠，以示成年和贵族的身份，若当冠不冠，会被视作一种“非礼”的行为。孔子的学生子路，在一场卫国内乱中，不幸被敌人用戈刺中，系冠的缨也被砍断，头上的冠歪了，也快掉下来了。子路临死前，也要结缨正冠，“君子死，冠不免”！

古人戴冠礼制很严格，尤其在朝中，人臣见君主时，首要的礼节就是“敛衽”“正衣冠”。作为朝堂之上的人君呢，也需如此。说到戴冠，不得不提到一个人物——汉武帝刘彻。这个人的性格，跟他的曾祖父刘邦很相似，平时不太注意礼节，尤其是对那些他瞧不上眼的人，有时候会“随心所欲”乱来一通。比如，他对靠裙带关系得以起家的大将军卫青就经常不讲礼，有时候上个厕所，也故意召见卫青前来面见。刘彻还瞧不上丞相公孙弘，觉得此人貌似忠厚，实则为人圆滑，太过奸诈，与他见面，刘彻经常不戴冠，根本不把他当回事儿。不过有一人除外，那就是耿直忠诚、清廉无私的汲黯，刘彻那一定是要正冠相见的，不敢随便。有一天，汲黯有事前来晋见，刘彻正好衣衫不整，悠闲地坐在那儿，也没戴冠，突然看见汲黯远远地朝他走过来了，便匆忙躲到帷帐中，赶紧正衣戴冠。（《汉书·汲黯传》）从此，“不冠不见黯”便成了形容皇帝礼敬大臣的用语，也是君臣相见应有的交往之礼。可见不戴冠是件非常不礼貌的行为。在古代只有四种人不戴冠，那就是小孩、罪犯、

上图◎
金簪·中国国家博物馆藏

异族人和平民，其他人在平日里都要戴冠，除非在官场上被革了职、削了位，否则不要无故摘冠。

古人如何戴冠？

首先，束发横笄。戴冠前，得先把头发束起来扎好，在头顶上盘成髻，在发髻上戴上冠。然后，用一根笄簪，从冠的左右两侧横插过冠和发髻，固定住冠帽。

顺便说一说笄簪。到底哪种是笄？哪种是簪？其实，两者实为同物异名。先秦时期叫笄，汉代以后叫簪。在周代，女性固定发髻用笄，男子戴冠也用笄，所以，为了区别开来，就把用来固定冠冕的叫衡（横）笄，而只是单纯固定头发的叫发笄。

最后，再系缨正冠。除了用笄簪来固定冠帽外，其实在冠的两侧，还各有一根丝绳，可以拉到戴冠者的下颌处系住，把头上的冠

左图◎ 通天冠　唐（摄于国家博物馆）

右图◎ 进贤冠　东汉文官（摄于国家博物馆·模型）

固定住。古人把这两根丝绳叫缨，正是子路临死前为了不让冠掉下来所系的冠缨。也有另一种样式，在冠的两侧有一根绳，用它兜住下颔，两头系在冠圈两侧，这样的丝绳叫纮（hóng）。

先秦时期，冠帽在形制上，大体是一致的。只是士以上阶层，不同身份、不同社会地位的人，所戴的冠会有所差别。之后汉朝大一统，冠的形制开始不断花样翻新，制作也更有考究。统治者们戴的冠，形制上都是前梁高耸，向后倾斜，中空如桥。梁又分一梁、三梁、五梁这几种，上面还用各种金玉来装饰，以此来表示爵位的等级。到了魏晋时期，男子则流行戴小冠，并且不论等级高低，上下通行。帝王有时也戴白纱帽。主要有冕冠、长冠、委貌冠、通天冠、高山冠、进贤冠、法冠、建华冠、方山冠、巧士冠、却非冠、却敌冠、樊哙冠、术氏冠等。

进贤冠

它是古代儒生所戴之冠，在我国服饰史上影响深远。从汉代到唐宋，一直在文职人员的礼服中居于重要地位。东汉时期的进贤冠，衬以介帻，并在介帻后部，还延伸出上翘的冠耳。原来的冠体，成为它的一个部件，名“展筩（yǒng）”。

形制为前高七寸，后高三寸，长八寸，有五梁至一梁，以分等级。公侯三梁，中二千石以下至博士两梁，博士以下至小吏私学弟子皆一梁（梁就是冠上的横脊），以俪为筒，裹于梁及梁柱，后来是文官所戴的冠。

第二类，冕。

《礼记·玉藻》载："天子玉藻十有二旒，前后邃延，龙卷以祭。玄端而朝日于东门之外。"意思是天子所戴的冕上，前后各自垂挂着玉珠十二串，身着龙衮服祭祀于庙。身着玄衣戴冕，在国都东门外行祭日礼，由此可见冕是一种最尊贵的礼冠，属古代帝王、诸侯、卿大夫参加重大祭祀典礼时所戴的等级最高的礼冠，需要与冕服、赤舄、佩绶、玉圭等配套穿，而且只在祭祀等大典上穿戴，平时穿别的冠服。今天许多古装影视剧中，常见到皇帝头戴冕冠，身着衮服，坐在朝堂上听政，明显是不符合礼制的，是一个错误的穿戴。

冕的样式，包括每一个装饰，都有着深刻的寓意。具体包括綖（yán）、缨、纽、紘（hóng）、瑱、旒等。

綖——就是冕最上面的那块黑色、长方形的木板。长一尺六寸，宽八寸，形状前圆后方，寓意天圆地方。綖板上用两层不同颜色的布包裹着，最上面的那层是玄色，下面那层是纁（xūn）色。

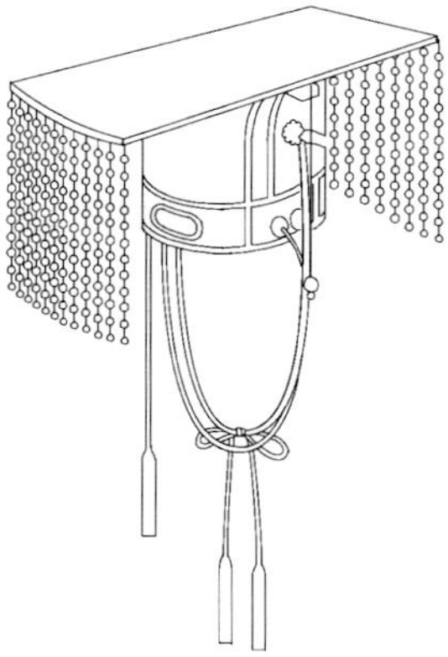

上图◎冕的样式

颜色的用意，《周礼·染人》中解释为："玄纁者，天地之色。"古人把天的色彩视为玄，为至高无上之色。所以，古人在祭祀时所穿的祭服颜色，常用玄色，有象征天地的意思。

綖的下面连着冠。戴的时候，綖要以"前低后高"的方式固定在冠上，目的只有一个，提醒戴冕者不论地位有多高，身为君王要有敬德、谦卑之心，这样才能把一个国家治理好。

缨——在冠的两侧，各有一个小圆孔，叫作"纽"。戴冕时，用一根长长的玉笄，从纽的一侧横穿，用来固定冕。在玉笄的一端，系着一根丝带，带子从下颌绕过，最后系在玉笄的另一端，这根带子称作"缨"。

紞——綖下面的冠圈，叫作冠"武"。在其下沿的两侧，靠近耳朵的位置，两边还各有一根下垂齐耳的丝带，称作"紞"。

瑱（tiàn）——在聃的下端，镶有一枚玉珠，称作"瑱"，俗名"充耳"，"充耳不闻"的充耳，也是用来警醒戴冕者，不要乱听杂声，不可轻信奸佞之言。

旒——綖的前后两端分别有一组缨，穿挂着一串串不同颜色的小圆玉珠，称作“旒”。旒的数量，会因身份不同而有差异。根据礼制，古时天子的冕前后的玉珠最多挂十二旒（串）。诸侯的冕，前后各九旒，侯、伯、上大夫这一层等级，前后各七旒。而下大夫，前后各五旒。说到这儿，有人可能会有疑问，设计这样的十二珠串挂在冕前，不会遮挡视线吗？走起路来多不方便啊！据说这也是一种有警示的设计，时刻提醒戴冕者，面对某些事情的时候，要学会有所忽略，“视而不见”便由此而来。[注6]

冕在上古时期，并不只有天子才专有，一般贵族都有冕。比如天子服大裘冕，一品官员服鷩（bì）冕，二品服毳（cuì）冕，三品服希冕，四品服玄冕，五品服平冕。这六种形制，在功能上是有区别的。

大裘冕：用于帝王祀天。

衮冕：用于帝王祀祖。

鷩冕：用于帝王和百官祭祀先王，行飨射典礼。

毳冕：用于帝王和百官祭祀山川。

希冕：用于帝王和百官祭祀社稷。

玄冕：用于帝王和百官参加小型的祭祀活动所用。

汉代之后，只有皇帝才戴冕有旒，于是“冕旒”也就成了皇帝的代称。这种冕制，一直延续到明代。后来的清代，没有冕冠，

【注6】顾凡颖：《历史的衣橱》，北京日报出版社 2018 年版，第 32 页。

只有衮服。

◎ 衣裳

在古代，衣裳是分开的。上衣称“衣”，下衣称“裳”（古时读“cháng”），与我们今天说的衣裳概念不一样。

古时的衣裳有两种款式：一种是上衣与下裳不相连；另一种是衣与裳连体，称为“深衣”，就像我们今天的连衣裙。商周时期的衣服款式，通常是上衣与下裳分开。直到春秋时期，深衣才出现，上衣下裳被连接在了一起，下裳的长度甚至一直垂到脚踝。

衣　指的是上衣。一般上衣会用两条腰带束系。一条是布，用来将衣服的腰部收紧；另一条是皮革，缚在布腰带之外，主要用来系挂各种常用物件。衣包括襦、亵衣、袍、裘衣等。

襦（rú），是一种短上衣，有长短之分。短款齐腰的，称为“腰襦”，也有长至膝盖的，称为“袿”。一般人或仆人，平时都穿短款的腰襦。

亵（xiè）衣，相当于今天的贴身内衣。诗经《无衣》曰：“岂曰无衣？与子同袍。王于兴师，修我戈矛，与子同仇！岂曰无衣？与子同泽。王于兴师，修我矛戟，与子偕作！岂曰无衣？与子同裳。王于兴师，修我甲兵，与子偕行！”大概意思是，谁说没有战衣？我们与君同穿战袍。谁说没有战衣？我们与君同穿衣衫。其中“与子同泽”的“泽”，指的就是贴身穿的亵衣。

袍，是一种长袍。有用来御寒的，也有战袍。据史料记载，到战国时期长袍才流行，成为男子的传统服饰。至汉以后，袍便成了朝服。

裘衣，就是皮衣，一般只有贵族才能穿得起的一种冬衣。在冬季穿上，既时尚、暖和又轻便，价值千金，深得贵族们的喜爱。裘皮，主要以狐裘和豹裘最为珍贵，其次属鹿裘、羊裘等。最贵的是狐白裘，算得上是奢侈品中的“香奈尔”，不是一般人能穿的。李白的《将进酒》中有“五花马，千金裘，呼儿将出换美酒，与尔同销万古愁”的名句。什么名贵的五花良马，什么昂贵奢侈的千金狐裘，统统都拿去换美酒喝，这世上啊，只有美酒才能解万古忧愁！在李白眼里，这些穿在身上的奢侈品，根本不敌一壶美酒。可在其他人眼里，裘皮可是相当珍贵的。

在古代，只有君王以及贵族们可以穿狐裘，并且分等级高低。《白虎通·衣裳篇》中说：“天子狐白，诸侯狐黄，大夫狐苍，士羔裘。”天子穿白裘，其他按身份高低选择不同颜色，至于一般庶民就更不可能穿，即使家里有也不能逾越等级制度。

虽说裘衣金贵，但古人一般不提倡孩子穿。《礼记·曲礼上》中提到："童子不衣裘裳"，古人认为，未成年人不宜穿皮毛的裘衣。孩子一般都体热，而裘衣穿上身太热，会有损孩子的阳气，对身体不好，而且也不方便行动。所以，古人提倡平时给孩子穿缁布衣、襦袴就可以了，让他们穿暖吃好教育好就行了。这种做法与我们今天许多家长担心孩子受凉，将孩子裹得里三层外三层的方式相比，是不是要健康得多。古人的这种育儿观念是值得推崇的！

裳

《说文》曰："裙，下裳也。"裳，为下衣，也就是裙子。先秦时期，有裳无裤，男女都穿裙。

裳，款式通常是一种紧包着下身的围裳，是用布片连缀而成。人在活动时，容易暴露在外，所以就在腰的两侧，各用一块布条来遮掩。

袴（kù），又作"绔"。是一种无腰无裆的裤子，也是古人的贴身装，形状类似于今天小孩子穿的开裆裤。穿的时候直接将两个裤筒套在腿上，再把左右两边的绳子系在腰上。也许有人会有疑问，没有裆就不怕走光吗？别忘了，刚才我们也说过，为防走光，外面都会再穿上一种叫"曲裾"的裙子，能严严实实地遮挡住。再者，

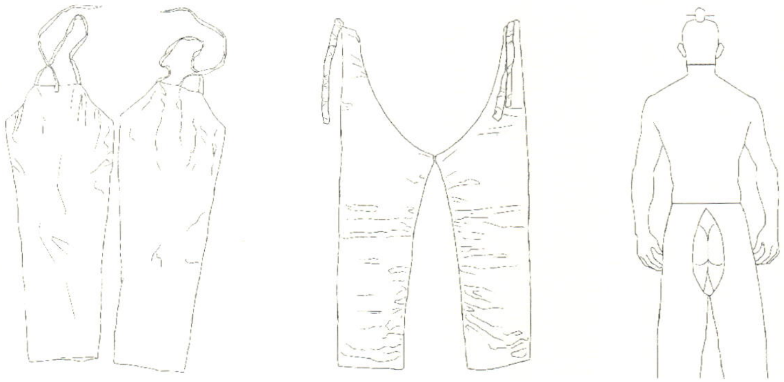

上图◎古代无腰无裆袴

古人都很文明，在公众场合一般很少有人会去做诸如箕踞而坐，或松带撩裙这种失礼的动作。"袴"虽然款式奇特，但它是有钱人的服饰。据考古资料佐证，早在商周时期的贵族阶层，就已经流行这种不连裆的"袴"了。材质也非常考究，多以丝织、生绢为主，穿上后细软舒服。"纨绔"，指的是用细绢做成的裤子。贵族穿着的上好的用丝纨制成的绔，也就此引申为了今天我们常说的"纨绔子弟"的公子哥儿形象。

裈（kūn），是一种有裆的裤，与今天的裤子很像。又叫犊鼻裈，是用一块布缠遮住腰和大腿间，形状如犊鼻。今天日本相扑选手比赛时腰间所缠"兜裆布"，接近于我国唐朝时的这种裈，日语里仍写作"裈"（fundoshi），尤其是渔民，仍然可以见到类似的"六尺裈"（一般在250厘米以上）。[注7]

【注7】王力：《中国古代文化常识》，北京联合出版公司2018年版，第227页。

深衣

衣与裳相连，称之为深衣。但与袍又不一样，《礼记·深衣》孔颖达疏："深衣，衣裳相连，被体深邃，故谓之深衣。"

深衣是把分开的上衣和下裳缝合在一起，并且下摆不开衩，人穿上后整个衣服向后包住，把身体都藏起来，所以得名，深衣。

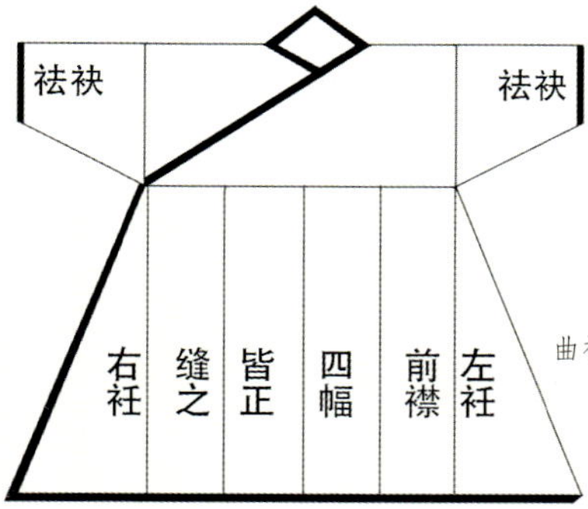

曲裾深衣（先秦）

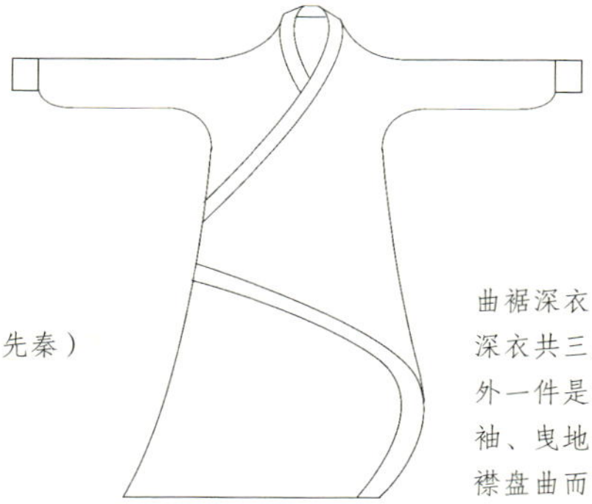

曲裾深衣（西汉）深衣共三层，最外一件是右衽宽袖、曳地长袍衣襟盘曲而下。

上图◎曲裾深衣

深衣在春秋战国时期十分流行。从贵族到文人士大夫，都有穿深衣的习惯，并且一直流行到了魏晋时期，文官、武士、妇女都可以穿。深衣的款式，不仅穿着舒适，而且适合所有活动的需求。既可以在家穿，又可以在正式场合穿。可以作文服穿，也可以作武服穿；可以在担任摈相时穿，也可以在治理军队时穿，仅次于朝服和祭服。即便是庶人，也可以把深衣当礼服穿。

冕服

冕服起于商代。据《周礼》记载，只有在举行祭祀之礼、参加大型仪式等重要场合，天子、诸侯、公卿大夫才会穿冕服。

平时上朝，君臣都不穿冕服，也不戴冕冠，大家只穿皮弁服。

冕服有两个最大的特点：其一，颜色。上衣玄色，也就是天青色，比黑色浅，像天空深远的颜色，所以取玄代表着天。下裳纁色，代表着地。其二，礼服绣有十二种独特章纹。为何为“十二”种？“十二”这个数字有着独特的含义。在古代，比如有十二生肖、十二地支等，十二是最大的数。天子身着有最高等级标志的十二章纹冕服，去祭祀天地神灵，有顺应天地之意。

晋武帝司馬炎

上图◎ 十二章纹图示

左页图◎ 冕冠衮服图

冕服上绣有十二章纹，分别有日、月、星辰、山、龙、华虫、火、宗彝、藻、粉米、黼（fǔ）、黻（fú）。日月星，如三光之耀，取其能照耀光明之意。山，一说取其山神能云雨，或说能镇定，取其能安静四方之意。龙，变化而取神之义。华虫，就是雉鸡，有五彩羽毛，取其文采之意。火，取其明亮之意。宗彝，取其勇猛、智慧、孝养之意。藻，即水草，有花纹，取其洁净之意。粉米，形状如白米，取其能养人之意。黼，为黑白纹斧形，取其割断、遇事果断之意。黻，为青黑色“亞”形，取其背恶向善、君臣互助之意。

清代帝王穿的龙章礼服，特点是盘领、右衽、黄色。龙一般为九条，前后身各三条，左右肩各一条，襟里一条，这样正背面各显五条龙，意味着“九五之尊”。礼服下摆的位置，还绣了水浪山石图案，称为“水脚”，有一统山河之意。

◎ 足衣

足衣，主要有鞋和韈（wā，同“袜”）。古代的鞋有屦（jù）、舄（xì）、履、屐等。

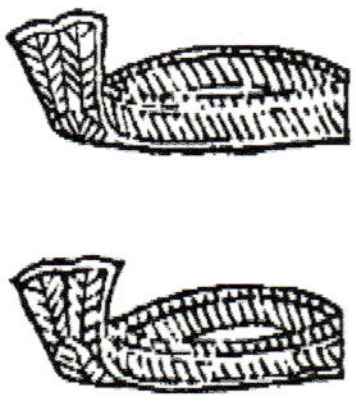

上图◎古代麻鞋·中国国家博物馆藏

下图◎屦

屦

是用麻、葛粗布、皮、丝制成的单底鞋。

屦分两种，一种是草屦，用草编制而成，故称为草鞋，常为穷人所穿。另一种是葛屣（xǐ），是一种用葛藤编成的，一般在夏天穿。相对于草鞋，葛屣要贵重一些。另外还有丝屦，就属于奢侈品了，基本上为贵族所穿。

舄

舄，是一种用麻、葛粗布、皮制成的厚底鞋。《释名·释衣服》曰："複（fù）其下曰舄，舄，腊也。行礼久立地，或泥湿，故複其末下，使乾腊也。""複"，指鞋底。其实就是在单底的屦下面，再加一块木板，作为厚底。穿着它就可以在泥地里行走，不怕沾湿，还隔湿气。鞋底上层用皮或帛制成。舄在古代是一种高级鞋，一般在参加祭祀、朝会、典礼场合时穿。

古代的舄在颜色上有三个等级。上等为赤色舄，一般为天子所穿，常用来搭配冕服。中、下等有白舄和黑舄，为日常所穿。

履

一般用皮、丝绸等制作而成，为单底鞋。一般只有公侯显贵才有能力穿，整体造型追求华丽。

右图◎ 笏头履·唐

左图◎ 南宋女性日常所穿的履

屐　出现于战国时期。用木头制作而成，底的前后有两齿，下雨天在泥泞地里行走很方便。屐，比舄更为轻便，更适合走路。魏晋南北朝时期，木屐开始盛行。不过人们在主要场合，比如访友、宴会等，还是得穿履，不穿屐。一般休闲场合，着屐又轻便还好穿。今天日本人脚上穿的木屐，就有着我国古代屐的影子。

韈　韈（袜）的作用，有些类似于我们今天的袜子。不过比今天的袜子要厚实得多，贵族的韈大都是皮制的，而庶民一般是粗布或无韈可穿。从造型上，我们可以从日本人着木屐时穿的袜子窥知一二。

◎ 穿戴礼仪

孔子曰："出门如见大宾，使民如承大祭。"出门办事，待人处事，都要像接待贵宾那样恭敬有礼，要像祭祀那样认真。这句话自然也包括对妆容仪表的要求。从古至今，穿衣戴帽是一门学问，也是一门修养。古人对穿戴有一套规范和标准，大家也都会自觉地遵守。比如，秦汉时期，男子都有佩带刀剑的风气。尤其是贵族，每次出门，刀、剑、韨（fú）、冠，一样也不能少，佩戴也有严格的规定，“剑之在左，青龙之象也。刀之在右，白虎之象也。韨之在前，朱鸟之象也。冠之在首，玄武之象也。四者，人之盛饰”（刘昭注引《春秋繁露》）。“韨”，蔽膝也，形状像围裙，系在腰间，垂于腹前，既能遮大腿、膝盖，也能起到装饰的作用。在那样一个尚武之风十分流行、阳刚之美又是审美主旋律的时代，也不失对妆容仪表细节上的追求，这足以说明古人对衣冠服饰的重视。

第一，穿戴“三紧”。

宋代大儒朱熹，就曾提出过穿衣要注意细节，“凡着衣服，必先提整衿领，结两衽纽带，不可令有阙落”，如果一个人衣冠不正，鞋袜不正，“身体放肆，不端严”，这个样子会“为人所轻贱”。所以，穿衣戴帽要“三紧”，即头紧、腰紧、脚紧。

首先，头紧。古人都有蓄长发的习惯，平时要把头发梳好，用簪子把发髻和冠绑好扎紧，不可凌乱松散。“身体发肤，受之父母，不敢毁伤，孝之始也”，身体四肢、毛发皮肤都是父母给的。一个人要行孝，从小就必须珍惜自己的身体，尤其是自己的头发，更要好

右图◎东晋·顾恺之《女史箴图》（局部）

好爱护好。其次，腰紧。古人穿衣，不论上衣下裳还是连体深衣，在腰间都会束上腰带，并且系紧。忌讳松松垮垮，或随意解带敞衣。最后，脚紧，指穿鞋的时候一定要把鞋带系紧，避免拖沓着鞋走路。

总之，穿戴不仅要讲究款式得体，妆容合礼，更不要忽略细节，把帽带、腰带、鞋带都扎紧了，整个人的状态才会更显精神。古礼今用，比如在夏天有的男士不太注意细节，忽视周围的环境，当众撩上衣，坦胸露肚，甚至赤膊上身。这种既不得体、也不尊重他人的举动，应尽量避免。

第二，束发右衽。

说到“束发”，在我们的印象中，我国远古先民一直就是“蓄发不剪，披搭于肩”的形象，其实不然，据古籍资料记载，从很早开始，原始先民就已经掌握了束发的技艺，并且对各种发式也有了审美的好恶。

在古代，中原与蛮夷（古人称周边少数民族为“东夷、西戎、南蛮、北狄”）不但风俗有差异，穿衣打扮也不同。我国古代华夏汉民族，发型服饰一直保持“束发右衽”的形象。汉人以束发梳髻最为普遍，披头散发始终被视作不守礼法的行为。穿衣需“右衽”，即左边的衣襟一律要向右，掩住右边衣襟，形成一个“y”形状。而当时周边的夷人，却习惯“披发左衽”。这种形象对于十分重视礼仪的汉民族来说，是很难接受的，也很鄙视。只有尚未开化、落后之地，才会有这种形象，所以，也常把“披发左衽”拿来代指那些不讲文明的野蛮之邦。其实，之所以形成“左衽”与“右衽”的习惯，许多学者也有各自的看法。其中有人觉得，这应该与各自的生活方式有关。比如，中原的汉民族一直以农耕为主，衣襟右衽，劳作的时候方便一些，而夷人大多为游牧民族，衣襟左衽，骑马射箭的时候更为方便。

第三，履袜之礼。

在古代，人们不管是着履还是穿屐，日常起居登堂入室，须脱鞋再进入。有时候参加宴饮，还须脱下袜子再入席。尤其在朝堂，人臣见君王，除了不能带刀剑上殿，履袜之礼也十分严格。搞不好有可能还会招来杀生之祸。春秋时期晋国大臣师旷因为一时疏忽，上堂忘了脱鞋，气得晋平公大声吼道：“哪有人臣不脱履而上堂的?”还好，师旷算运气不错，历史上还有人因为不脱袜，差点被砍了脚。

《左传·哀公二十五年》载，卫国有一个叫诸师声子的人，受邀参加卫侯举行的宴会。入室脱了鞋，但入席的时候，竟忘了脱袜。卫侯与各位群臣酣饮畅聊之际，突然看到诸师穿着袜子，卫侯勃然大怒，骂道："我要砍了你的脚"，诸师赶紧解释，因为自己的脚有疾患，脱了袜子怕失敬。可卫侯就是不原谅。一看这个紧张的场面，诸师便乘机赶紧逃了出去，否则真能因一双袜子，而丢了一双脚。

之所以产生这种习俗，与古人席地而坐的生活方式有关。脱鞋脱袜，原本是为了保持地面、筵席的清洁，久而久之也就成为向他人的示敬之礼。直到唐代，随着室内家具高桌高椅的普及，人们的坐姿发生了改变，履袜之礼也就很少见了。不过，在今天的日本和朝鲜半岛，仍旧保持着我国古代入室脱鞋进入的习惯。

既然脱鞋有示敬的成分，那么古人在脱鞋的动作上，也有讲究。

其一，脱鞋有规矩。《礼记·曲礼》曰："侍坐于长者，屦（jù）不上于堂，解屦不敢当阶。"陪坐在长者身边的晚辈，一定要把自己的鞋子脱在阶下，不可以穿着鞋上堂入室。只有极少数地位高或年龄最长的那个人，可以把鞋脱在室内的席侧，其余的人则都要把鞋脱在户外。然后把鞋摆放整齐，放置在门外台阶一侧，切莫放在台阶的正中央，以免妨碍后来者 上堂入室。

其二，穿鞋讲顺序。从室内退出时，不可以直接穿鞋就走，而是要先跪下，坐着拿取自己的鞋，然后“隐辟而后屦，坐左纳右，坐右纳左”（《礼记·玉藻》），避开中间位置，走到一侧穿鞋，以免阻碍他人进出。穿右鞋时跪左腿，穿左鞋时则跪右腿，身体始终保持端正，不可撅臀、趴背。

其三，穿鞋懂避让。《礼记·曲礼上》规定：“就屦，跪而举之，屏于侧。乡（向）长者而屦；跪而迁屦，俯而纳屦。”刚才也说了，古人穿鞋都会尽量后退到一旁穿，因为这样才不会妨碍其他人出入堂阶。尤其是作为晚辈，要侧跪于尊长前取鞋，然后移到一旁，正对着尊长，单跪俯身穿鞋。

今天我们进入室内的礼节，其实与古礼相差无别，要注意细节，多替主人着想。比如，去别人家里做客，在被主人迎进门的时候，一般情况下须脱鞋示敬。如果主人一再示意不用脱鞋，那么客随主便，一切随主人安排就可以了。如果问也不问，就直接穿着自己的鞋走进去，弄脏地板或踩脏地毯不说，尤其是高跟鞋，搞不好有可能会划到地板。等到拜访结束，告别出门，需要注意穿鞋的姿态。不要撅着臀，挡在门廊的中间，尤其是穿有鞋带的、不太容易入脚的鞋，最好走到一侧，采用蹲姿或坐在凳上，快速把鞋穿好，不要让其他人站在门廊那儿等太久。

贰

向位礼仪篇

辨方位而正则

宫室建构

前堂后室，礼制多

将上堂，声必扬。将入户，视必下。入户奉扃，视瞻勿回。户开亦开，户阖亦阖。

——《礼记·曲礼上》

要想弄明白古代的向位礼仪，最好的办法就是从传统宫室的构建开始了解。因为早在周代，古人就把建筑功能与礼制融合在了一起。如《周礼·考工记》载："匠人营国，方九里，旁三门，国中九经九纬，经涂九轨，左祖右社，面朝后市，市朝一夫。"匠人营建国都，模式大都为方形。四面有城墙，且每面城墙长九里，每旁有三门。国都中的主要道路，有九经九纬，每条路可容九辆车子并行。王宫门外的左边是祖庙，右边是社稷坛，前面是朝廷议政区，后面是商业区，市朝各方一百步。这是周代王城布局最早的记载。

这段记述完全体现了传统方位礼仪，"中"是最尊贵的方位，历代都是以"中"为遵循原则来建立宫殿。比如建立于明代的紫禁城，就是北京城的最中心。总体布局坐北面南，左右对称。"左祖右社"，宫的左边（东边）建供奉祖宗牌位的宗庙。宫的右边（西边）建社稷坛。这种布局正是周代"建国之神位，右社稷而左宗庙"（《礼记·祭义》）的方位礼制。

对于普通百姓的房屋来讲，虽说不像城郭、皇宫那般考究，但

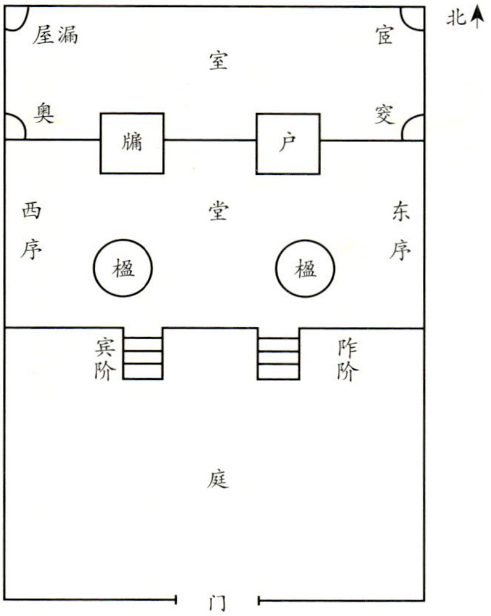

上图◎
古代堂室大体格局图（作者画）

左页图◎
明·佚名《北京宫城图》

也得按周制而规。据《仪礼》所述，先秦时期天子、诸侯、公卿、大夫、士住的寝室，一般都有堂有室，还有宗庙。主人地位越高，堂室结构越复杂。最简单的要属最底层的穷困百姓了，吃饭睡觉，议事祭祀，统统在一间寝室，没有堂室之分。

我们先看看普通的堂室构建。

所谓堂、室，实际上是一栋多开间的平房。堂在前，室在后，堂大室小。堂、室之间只是一墙之隔，但同在一个房檐下。堂的后面是室，室的东西两侧，分别是东房和西房。[注8]古代的堂室向位，一般都是坐北朝南。

古人还把宫室结构的礼制，从入“门”过“庭”，再到登“堂”入“室”的出入顺序，延伸到了其他方面。比如，古人把老师刚收的第一个弟子，叫入门弟子。技巧高了点儿了，就叫“登堂弟子”。一般房屋格局的设计都是入门后须穿过庭院，然后登阶上堂，再进入室内。所以，古人把经过不断努力、技艺学业很优秀的学生，称为“入室弟子”。至于“关门”弟子，就是老师最后收的一位学生了。

【注8】
王力：《中国古代文化常识》，北京联合出版公司2018年版，第165页。

◎ 庭

一般门内就是庭。庭在前，堂在后，一个位置低，一个位置高。按照礼制，一般地位高者、尊者，立于堂上，面南而立。地位低者，处在堂下，立于庭中，面北而立。这样的站位符合上下、君臣之礼。《礼记·明堂位》详细记述了周公在明堂接见诸侯，以及附属国觐见时的站位：

> 天子负斧依，南乡而立；三公中阶之前，北面，东上；诸侯之位，阼阶之东，西面，北上；诸伯之国，西阶之西，东面，北上；诸子之国，门东，北面，东上。诸男之国，门西，北面，东上；九夷之国，东门之外，西面，北上；八蛮之国，南门之外，北面，东上；六戎之国，西门之外，东面，南上；五狄之国，北门之外，南面，东上；九采之国，应门之外，北面，东上；四塞，世告至。

首先，三公（周代太师、太傅、太保）的地位最高，所以站在堂下正中间的位置，面北而立，与堂上的国君面对面。

接下来，是比公爵地位低一级的诸侯，则需立东面西，由北至

右图◎
古代天子诸侯朝位图（作者画）

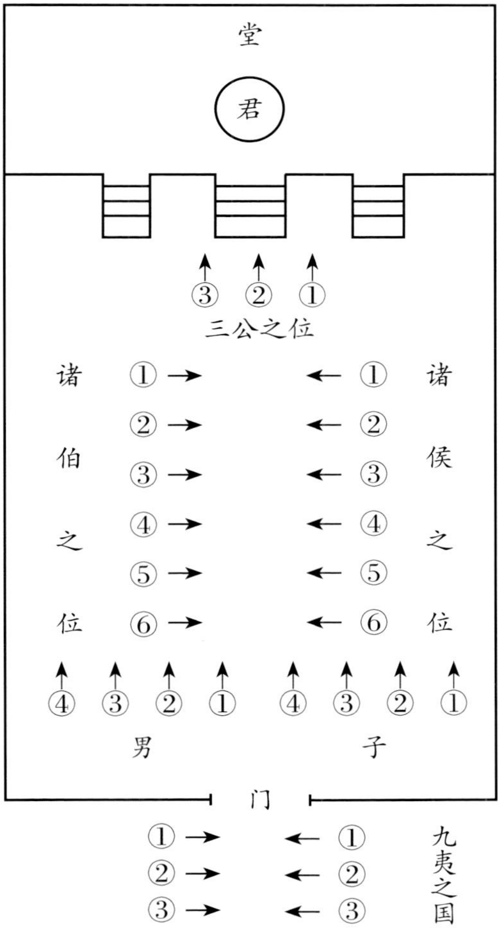

南，一字竖列开来。与侯爵对面站立的，则是低于侯爵的伯爵，立西面东。地位更低的子，在靠近门的地方，面北而立。这是可以站在门内庭中的臣属方位秩序。至于外来的夷狄之邦，大多数只能站在门外两侧，面朝东或朝西而立。

◎ 阶

再说说阶。

古代的宫室是建在一个高出地面的台基上的。今天日本的传统住宅，就类似于这种形制。既然房屋有高的台基，那么堂前就会有台阶。按周制，一般普通的台阶也就三级（实算只有两级），从第一阶登起，登到堂上的那一级，算第三阶，不过后世的台阶级数就更多。台阶分东、西两组，一组台阶在东边，叫“东阶”或“阼阶”，专为主人行走，所以又称为“主阶”。另一组台阶在西边，叫“西阶”，专供宾客登阶用的，所以又称之为“宾阶”。古人要到堂上去，就得先登阶，古人常说的“升堂”，就是这个意思。

◎ 堂

再看看堂。台阶之上便是堂，空间比后面的室要大，但不住人。功能跟现代住宅的客厅差不多，主要是用于交际的地方，是议事、祭祀、庆典、接见宾客，设席行礼之处。

西周时期的堂，北、东、西三面都是墙。

古人把东墙，叫东序，西墙叫西序。而朝南的一面，没有墙也没有门，临庭大开，有点像今天的戏台。堂中间，有一对大明柱，叫楹，东西各一根，后世把对联贴在楹上，以此得名“楹联”，沿用至今。两楹之间的位置，在古代往往是“人君听治正坐之处”（《礼记·檀弓上·疏》）。在堂的北边，也是一堵墙，墙外是堂，墙里属室。在这堵墙的西侧位置有窗，古人叫“牖”（yǒu）。而靠东侧的位置有一扇门，古人叫“户”，通过户可直接进入到室内。在古代，客人一般不可以随便进入到主人家里的室内，除非有特殊情况，进入时需谨慎有礼。《礼记·曲礼上》说：“将入户，视必下。入户奉扃（jiǒng）。”说的是，客人进入室门时，双手需拱合抬起，就像捧着一根横杠那样恭敬地进入室内。目光需低垂一些，不可直接环视四周。毕竟是后堂内室，属较为私密的地方，以免看到别人的隐私而失礼。

◎ 室

堂后面连接着的就是室，是主人居住的地方。多为长方形，东西长，南北窄。室的区域有“东房西室”之分。一般的布局，房在东侧，属主人的寝室。室在西侧，兼有社交的功能，是起居和会客的地方。

室的四个角落在西周时期，就有特定的名称，甚至有特定的礼仪含义。《尔雅・释宫》说：“西南隅谓之奥，西北隅谓之屋漏，东北隅谓之宧（yí），东南隅谓之窔（yào）。”意思是，室内的西南角，称为“奥”，西北角称“屋漏”，东北角称“宧”，东南角称“窔”。这四种方位的称呼有何礼仪含义呢？

第一个，奥位（西南角），是整个室内最隐秘、最深的地方，我们常说的“深奥”，正是由此得来。因为是深奥之处，所以被古人视为室内最尊之处，平时家里祭祀户、霤、门、灶诸神时，都定在此处。把祭祀的牌位陈放在“奥”位，甚至把长辈的卧席也设置在此处。《礼记・曲礼》说：“夫为人子者，居不主奥”，这是家庭仪规，如果家父在，作为儿子就不能坐在“奥”位，因为这是尊长之位。

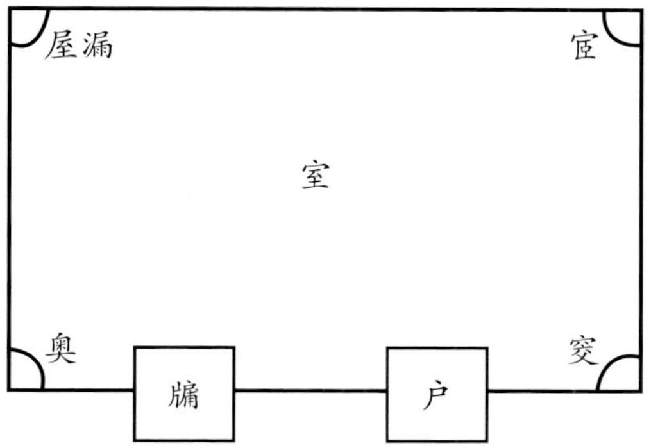

上图◎
室内四角图

甚至于从“奥”位向西扩建房子，都认为是不吉利的。因为在古代，有“南向北向，西方为上”之说，而西方为尊长所居，扩建恐怕会对长者造成损害。当然这只是古人的一种说法，不可信。第二个，屋漏（西北角），此角墙上开有窗，大概此处可以漏光进来，所以叫“屋漏”吧。第三个，宧（东北角），此位是古人专门用来放置食物、厨具的地方。第四个，窔（东南角），此处的位置最靠近门，所以就在门后放置洒扫的工具。

以上我们只是从礼仪的角度对传统宫室的建构作了简单的分析。不难发现，一个简单的宫室布局，就把传统的等级、伦理道德等礼制，都贯穿在了其中，成为了一个传统礼制的文化载体中心。其中展示了诸如“以中为尊、以侧为下、以北为上、以前为下、以左为上、以右为下”的传统方位礼制。同时还把尊卑有别、尊老爱幼、长幼有序的人伦秩序，融入到了居住布局当中，比如传统的四合院落：

方位大都坐北朝南，最正中的那间北房，古人称为正房，也称上房或主房，一定是长辈居住。而整个院落东西两侧的厢房，一般是晚辈居住。有的院落大，如果北边的正房是大开间的话，有可能会隔成三间小房。那么，中间的那间就是整个宅子的最高之处了，所以一般都设为祖堂，放置祖宗牌位。然后东边的那间，为次间。因为在东边朝阳，所以会安排祖父母住。而西边的那间，父母住。这种布局，其实也是受传统方位“以左为上”的影响。即使在皇宫里，也要按此布局居住。比如皇后和妃子们的住处，会分为东、西两宫。那么东宫为大为正，西宫为次为从。

方位尊卑

尊左尚右，明秩序

君子居则贵左，用兵则贵右。

——《道德经》

自古以来，我们中国人就讲究上下尊卑、长幼有序。君臣之间、宾主之间、长幼之间，谁在堂上，谁在堂下；会客宴请，谁坐这儿，谁又站那儿，决不能有半点含糊。即使在今天，仍旧如此。

◎ 方位礼仪

第一，排序原则。

古人在向位排序上，主要以“在朝序爵，在野序齿”为原则，也就是说，如果在公务场合，就按每个人的职位高低来分尊卑高低。如果在非公务场合，就按照每个人的年龄大小来分主次。年长者、德高者、贵者居上。

第二，场合排序。

古代举行礼节性的活动，一般有两种场地，一种在室内，一种在堂上。

室内座次——以“坐西面东”（西）为尊。

清代学者凌廷堪在《礼经释例》中就提出了古人在室中以“东向”为尊的说法。古语“东向”，不是指东边或向东，而是坐西面东的意思。

一般情况下，古人在室内接待宾客，分别会在东、西、南、北四个方位铺席。尊卑位次为：第一位次，西墙前的席，为最尊。第二位次，北墙前的席，坐北面南，为次位。第三位次，南墙前的席，坐南面北，为再次位。第四位次，东墙前的席，坐东面西，为最卑位。（如下图所示）

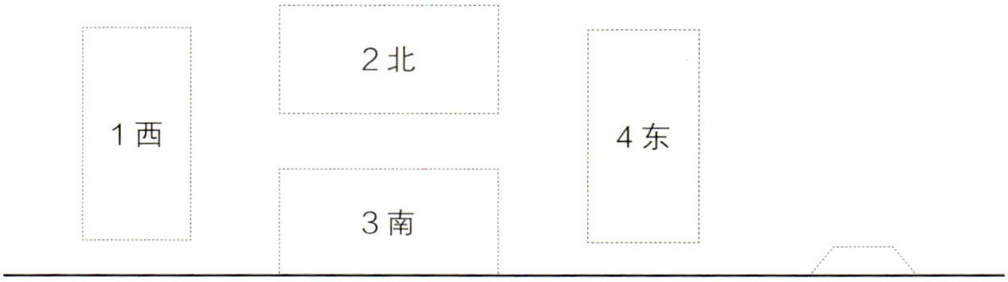

（室内席次）

室内坐席，为何以“坐西面东”（西边）为尊位？

我们在上一节“宫室建构”篇里，就说到了古代室的格局。在堂与室之间，有门（户），而门的位置开在墙的东边。这么一来，室内西边的位置，就离门最远，也最不受干扰，所以第一尊者坐西边，最适合。这样一来，第一尊者的席位，自然就是“坐西面东”了。相反，最靠近室门“坐东面西”的位置，自然就是最卑之处了。

为何请客吃饭，主人常说“我做东”？

这个问题很好解释，也与室内认西为尊有关。古代普通的室内正厅，一般都会摆放一东一西两个席位。接待客人的时候，出于对宾客的尊敬，主人都会自坐东席，让客人坐西席。所以“我做东”也就是“坐东”得来的。古典文学作品里，我们常看到把老师称为“西席”，把官僚们的幕客称为“西宾”“西席”，主人则被称为“东家”，现代汉语中的“东家”“房东”等一大批称呼，都与以西为尊有关。（如下图所示）

这种坐席次序，即使不在室内，在别的什么房子里，或者军帐中，只要不是在堂上，一般都属于以“坐西面东”（西）为尊的类型。比如之前我们提到的《史记·项羽本纪》中，鸿门宴里面的座次，就是属于室内座次礼仪的典型例子，文中说：“项王、项伯东向坐，亚父南向坐，沛公（刘邦）北向坐，张良西向侍。”意思是，项羽和项伯坐在西边，亚父范曾坐在北边，刘邦坐南边，张良坐东边。（如下图所示）

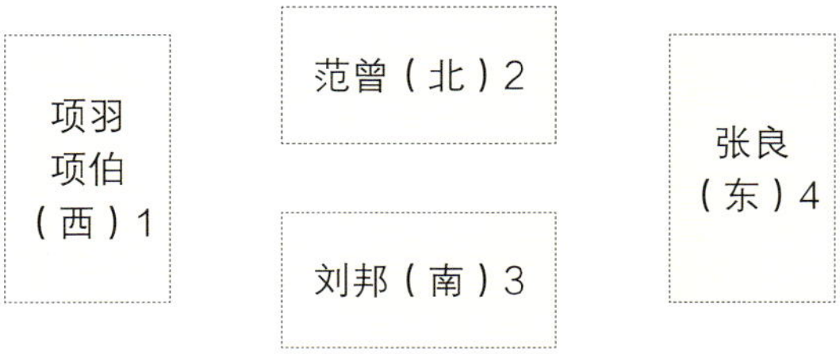

对于这场鸿门宴的座次排序，有些学者认为，项羽对刘邦的坐席安排另有用意。让刘邦坐南朝北，就是故意羞辱刘邦，因为坐南朝北，在古代有“面北称臣”之意。而有的学者不这么觉得，认为鸿门宴就属于室内宴请，座次的安排只是依照当时的身份地位，让刘邦面北坐，并非有意安排。因为，当时是在军营帷幕中相见的，其尊卑的方位，跟室中相见的座次礼仪，应该相同。项羽的职位，是诸侯上将军，地位在这里最尊，自然坐西面东。而项伯，是项羽的叔父，是长辈，与项羽同向，坐西面东。范曾，是项羽的谋士，项羽称他为亚父，但毕竟不是亲父，因此坐在次位，也就是坐北面南。按刘邦的身份，当时只是诸侯军将领之一，应该算是项羽的下属，自然坐在第三位，也就是坐南面北。而张良呢，是韩王派来协助刘邦的，身份最低，自然坐在最卑的位子，坐东面西了。

不管上述的看法孰对孰错，但有一点我们是可以确定的，那就是，无论在堂上还是在室内，坐席有君臣、宾主两种关系之分。

又如古代的昭穆之制，也是按此礼制列位的。

据古礼记载，一般天子祭祖活动，都是在太庙里的太室举行的。神主牌位的陈列次序，以“太祖居中，左昭右穆”的形式排列。就是说：

太祖神像最高，所以要放在西位，居西面东。

父辈的神位，则放置在太祖的左边，居左为昭。

子辈放置在太祖的右边，居右为穆。

二世为昭，三世为穆。

四世为昭，五世为穆。

六世为昭，七世为穆。

综上所述，二四六为昭，三五七为穆。先世为昭，后世为穆。长为昭，幼为穆。嫡为昭，庶为穆。祭拜人应该在哪个位置祭拜呢？在东边，面西跪拜。祭祀时，子孙也要按照这样的规定来排列次序，用来分别宗族内部的辈分，这就是所谓的“昭穆之制”。（如下图所示）

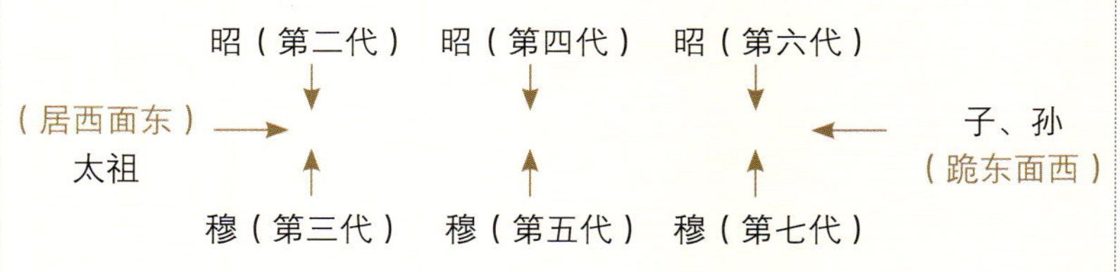

（昭穆之制）

再如，《仪礼·少牢馈食礼》和《特牲馈食礼》都有记载，祭祖礼制等级森严，古代大夫和士在家庙中祭祖时，不能像天子诸侯那样，可以供奉神主，他们行祭的对象是“尸”。我们在前面坐姿一节中也提到过“尸”，不是尸体的意思，而是在祭祀先祖时，见不到亡亲的形象，为了哀慕之情有所寄托，于是在家族兄弟之间，找一人来代表亡亲的形象，作为祭拜敬礼的对象。后世大都用画像来代替“尸”。在这两篇礼文中，“尸”的位置都是在室内西边，面东而坐。

由此可见，室内以“坐西面东”（西）为尊，无论是对活人还是对死者（神主），还是对暂时充当死者的活人（尸），都是按此排序的。

堂上座次——以“坐北面南”（北）为尊。

堂，在上一节“宫室”篇中讲过，一般是主人举行主要事务性活动的地方。如果在堂上，主人和宾客的座次就会与室内排序不同，不再是“坐西面东”为尊了，而是按“坐北面南”为尊来排序。也就是说，堂上排序，第一位次是“坐北面南”，北边。第二位次是“坐东面西”，东边。第三位次是“坐西面东”，西边。第四位次是“坐南面北”，南边。

比如《乡饮酒礼》中载，举行乡饮酒礼时，堂上的席位排序为：主人在东序，坐东面西。正宾在户、牖的中间位置，坐北面南。而介（副宾）在西序，坐西面东。席位完全与室内的排序不一样了，此时东边的席位，就要比西边尊贵。也就是说，主人的席位要比副宾的席位尊。因为毕竟是举行隆重的酒礼，副宾只是协助正宾，所以在主人之下。（如下图所示）

正宾（北）1

副宾（西）3

主人（东）2

（堂上席次）

又如，《仪礼·有司彻》中也有类似排序的记述。如果主人的身份是大夫级别，举行祭祀活动时一般不在堂上，而是在庙堂的室内。但是活动结束后，主人一般还需要回到堂上来，对刚刚一直扮演“尸”的人行三献之礼，以示礼敬。这种情况下的席位排序就是：

在堂上，“尸”要坐在户牖之间的位置，坐北面南。另外一位陪“尸”受礼的人，叫“侑”（yǒu），也是主人从异姓来宾中挑选出来的。虽然也受礼敬，但到底是个陪衬，他的坐席既不能尊于“尸”，更不能高于主人，所以侑的坐席为第三位次，坐在西序，坐西面东。（如下图所示）

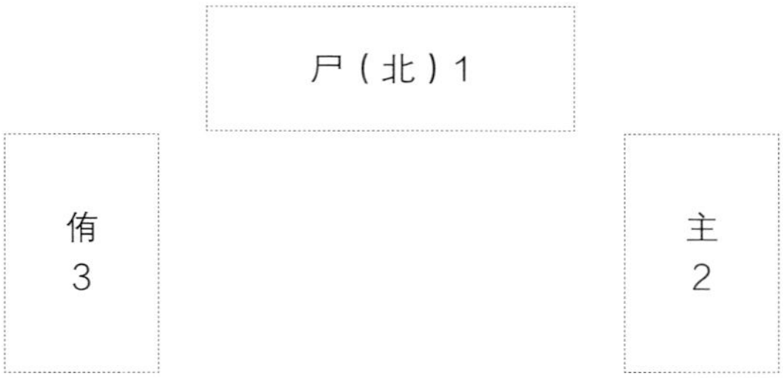

（堂上傧“尸”“侑”席次）

再回到朝堂之上，君臣之间的向位一定是按照“坐北面南”为最尊的排序。古代的宫殿都是坐北朝南。一国之君的宝座，必定是坐北面南。臣子们的站位，依次按照堂上之礼，一律面北朝君，以左西右东的方向，“居东为上，居西为下”的排序，按官位高低，由尊至卑，从东往西一字排开，或者列在两旁侍立，向君主施礼。

具体解释就是，从金銮殿上“坐北面南”的君王角度来看，自己的位置最尊。其次，君王的左边（东）为上，他的右边（西）为下。而从大臣们的站位方向来看，面北朝君，左西右东，一定是“以东为上”。所以，按此顺序，官高者为尊，列东边，居上位。官低者

为卑，列西边，处下位。（如下图所示）

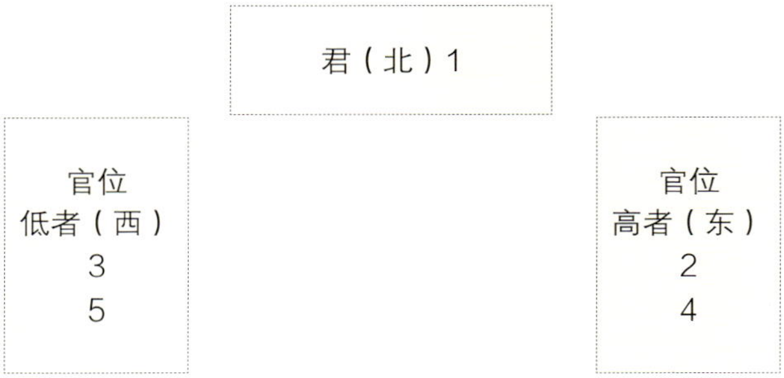

（朝堂席次）

西周时期的爵位制度，有公、侯、伯、子、男五种爵位，朝觐时，位次也需如此。比如，公是爵位最高者，一定是居中，面南而立。公的左边，侯爵列此位。伯仅次于侯，则居于西边，也就是公的右边。子高于男，则列于公的左边，即东边，男则列于公的右边，即西边。（如下图所示）

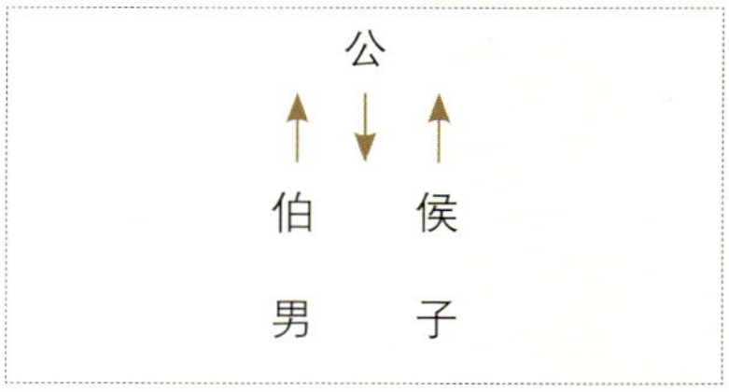

总之，除了一国之君或者一家之主，正宾的席次都要以“坐北面南”为尊。

◎ 尊左与尚右

古代向位礼制中，除了东西南北有差异，方位也有高低尊卑之分。不论左右，始终要以“居中为尊”为原则。在此基础上，分别排列左、右的相对位置。至于尊左还是尊右，历朝历代都有变化。依据古籍文献和前人学者的总结，古人多“以左为尊”。

为何尊左？古代学者说法不一。

其中，阴阳学说解释为，“左主阳，右主阴”，因为古代建筑大都坐北朝南，人在屋里时朝大门方向往外看，左边是太阳升起的东方，右边是太阳落山的西方。而左为旭日所出，右为落日所入，故左为阳，右为阴。左属生位，右属死位。因此，左就成为了古人喜爱的方位，于是逐渐形成了“左尊右卑”或“重左轻右”的礼制习俗，一直延伸到古人的日常生活和文化的方方面面。

在这里，列举几个“左尊右卑”的例子。

比如，古代尊左，首当其冲就是官职。以君王坐北面南的位置为中心，文官居左，武将居右。这种重文轻武的思想，甚至还延伸到了建筑物上，比如今天北京的故宫，文华殿在东边，武英殿在西边，“文左武右”，布局很明显。

又如，古代的乘车礼仪，一般情况下一车会乘三人。三人的位次分别为：尊者在左，御者在中，陪乘者“骖乘”或“车右”在右。在《史记·魏公子列传》中就说到了这一点，信陵君用车准备去接侯嬴，为了表示对他的尊重，信陵君特意把左边的位置空出来，之后才有了“虚左以待”一语。

这种尊左礼制，不知不觉还渗透到了人们的“凶吉”意识当中。比如，我们平时偶尔会有眼皮跳动的现象，尽管心里明白，大多数情况与视力疲劳有关，但心里多少还是会沉浸于“左眼跳财，右眼跳灾”的迷信说法中，不能自拔！

以上都是“以左为上”的佐证。不过也不能一概而论，古礼也有“吉事尚左，凶事尚右”的规定。

在吉庆场合，以左为尊，而在凶事场合，则需尚右。就拿拱手礼来说，吉事场合下，比如宴飨、婚嫁等，男子行拱手礼时，左手应该在上。而遇到凶事，则右手在上。《礼记·檀弓上》载：“孔子与门人立，拱而尚右，二三子亦皆尚右。孔子曰：‘二三子之嗜学也。我则有姊之丧故也，二三子皆尚左。’”意思是，孔子和学生们一起站在那里，孔子拱手的姿势是，右手放在左手之上，学生们见到之后，拱手时也把右手放在左手上。孔子说："你们几位学生很好学啊，我是因为有姐姐的丧事在服丧，所以我行拱手礼右手在上，而你们应该左手在上。"以上说的是男子，而女子拱手，吉事右手在上，凶事则左手在上，与男子拱手行礼正好相反。我们今天行拱手礼，仍要按古礼行之，要注意这种区别，不要左右手出了差错。

"以左为吉，以右为凶"的礼节，在军队中则体现为"以右为上"。比如上将军居右，偏将军居左。将士行礼也是右手为上。这是为何呢？老子说过："夫兵者，不详之器，物或恶之，故有道者不处。君子居则贵左，用兵则贵右……吉事尚左，凶事尚右。"意思是，在日常生活中，君子要以左为贵，做一个有道德修养、正直的人。而作为战场上的将士，就不一样了，打仗会用到兵器，用到阴谋，甚至会有成千上万的生命逝去，这些在古人看来都属凶属阴，这就是在军队里"以右为上"的原因。

虽说如此，但尊左礼制也不是在每个朝代都是一成不变的。先秦时期，都是以左为尊。朝堂之上，以左为上；在凶事和兵事上，则以右为上。这一点从《十三经注疏》里面可以得到佐证。到了汉代，以右为尊居多。比如那个时期，把皇亲国戚称"右戚"，把世家大族称为"右族"或"右姓"。

到了唐宋时期，则又回到了“左尊右卑”。在钱大昕《十驾斋养新录·左右》这本书中，有这样一段记述：“唐宋左右仆射，左右丞相，皆以左为上……明六部左右侍郎，左右都御史，左右给事中，左右布政使，仍以左为上。”这段话可以佐证，至少唐宋时期是“左尊右卑”的礼制，左仆射要高于右仆射，左丞相要高于右丞相。

元朝后，左右又有了变化。例如，这个时期，科考取士会分左榜和右榜。社会地位高的蒙古人、色目人为右榜，而地位较低的汉人、南人则在左榜。由此我们可以推断元朝用的是“以右为尊”的礼制。

到了明清时期，又开始尚左。方才《十驾斋养新录·左右》篇里指出，明代的六部左右侍郎、左右都御史、左右给事中、左右布政使，都“以左为上”。直至清朝，地位高的满人任左职，汉人则任右职。另外，从曹雪芹的《红楼梦》里也可以找到“以左为尊”的佐证，比如林黛玉进贾府吃第一顿饭时的情景，曹雪芹是这样描述的：贾母在正面的榻上独坐，两边有四张空椅子。王熙凤拉黛玉坐左边的第一张椅子，黛玉退让不坐，因为王夫人和嫂子们都还没有坐。贾母解释道：“你舅舅和嫂子都不在这里吃饭。你是客人，原应这么坐。”贾母发了话，黛玉方才坐下。贾母又让王夫人坐下，迎春、探春、惜春才接着坐下吃饭。文中简单几笔，就把贾府里上下尊卑分明、长幼有序以及“以左为尊”的礼规，交待得十分清楚。

一直到了近代，在国家政务、国企内部会议上，仍然遵守“左为上”的原则。但是在国际性的涉外活动中，一般采纳“以右为尊”的国际惯例。

◎ 古为今用

传统的向位礼仪，数千年来早就融入到了社会的方方面面。在今天，不论是婚丧嫁娶，还是社交往来，仍旧沿袭着传统的礼制。所以，我们还是需要了解这些很实用的礼仪常识，古为今用。以后自己遇到不知道该坐哪里的时候，也可以借鉴一下，至少应该知道哪个位置是尊位，不至于出错。

传统座次——以左为尊

虽然今天世界各国的许多生活方式早就一体化了，但是我们仍要尊重各自的差异。比如，座次尊位的选择，西方人讲礼仪，喜欢向对方表达亲近，在座次安排上习惯把贵宾安排在主人的一侧，挨着坐便于交流。而中国人的礼仪文化，示敬谦卑是主旋律，所以喜欢把贵宾请入上座，主人下陪，并保持一定的距离，以示尊重。

目前国内举行宴请会议，仍旧会沿袭传统向位的三个特点：第一，在人物关系上，有主宾、卑幼、尊长之分。第二，在座次上，有上座、陪座、下座之分。第三，在桌次上，有主桌与次桌之分。

先来说说，怎么定首席？

对首席的安排，要根据具体情况和空间位置而定，方式如下：

第一，以远为上，远离房门。

第二，面门为上，最佳视野。

第三，南向为上，坐北面南。

第四，以左为上，沿用传统。

第五，以中为上，中高两侧。

第六，观景为上，利于观景。

第七，靠墙为上，免受打扰。

空间不同，首席定位方式也不同。无论是亲朋好友聚会，还是商务活动，一定要让辈分最高，或者职务最高的人坐首席。然后，首席的左右，就是普通席。背对着门的位置，定为下席，一般为晚辈的席位。

桌次图示：

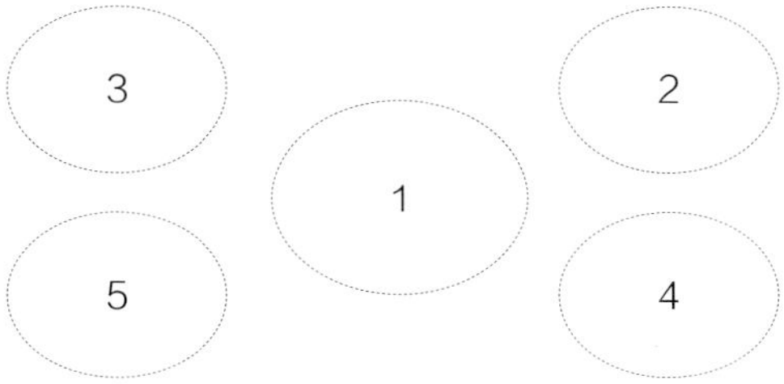

席次图示：

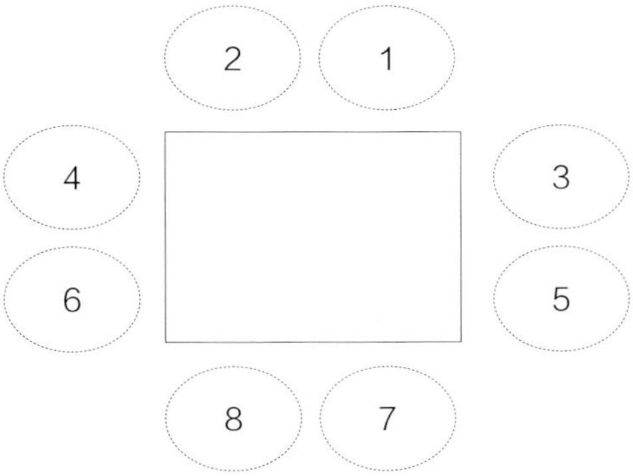

（八仙桌）（门）

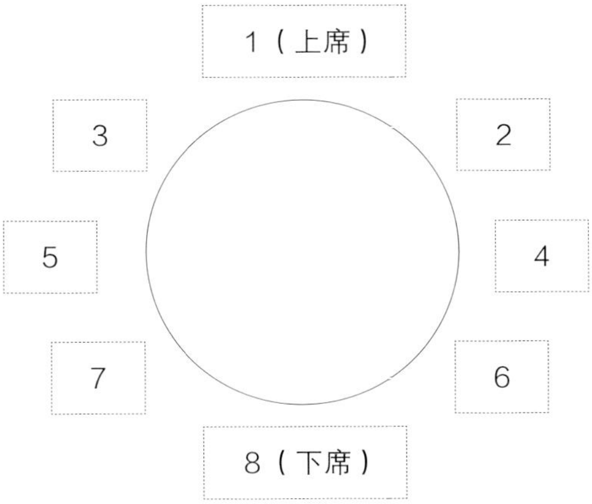

（圆桌）（门）

再如，开会主席台席次 。大部分国内会议的席次，采纳的都是“以中为上、以左为尊”的传统排序方式。主席台前排的席次，最高领导要居中，其左边，为职务二号领导。其右边，为三号领导。在二号领导之左，为四号领导。三号领导之右为五号领导，以此类推下去排列。

9 7 5 3 1 2 4 6 8

主席台

国际通用座次——以右为尊。

接待外宾时，为了与国际接轨，我们要遵循“以右为尊”的国际礼仪原则（如下页图所示）。

在这里，也把国际礼仪通用的座次，作个总结：

第一，居中为上，两边为下。

第二，主左宾右，两侧而坐。

第三，越近首席，位次越高。

第四，同等距离，右高左低。

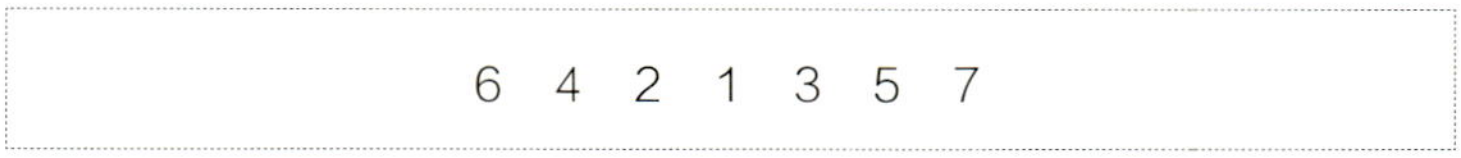

（主席台）

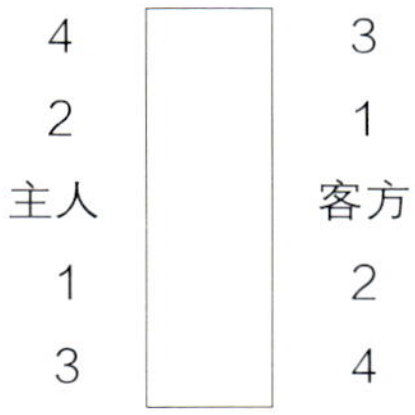

（宴请座席排列）

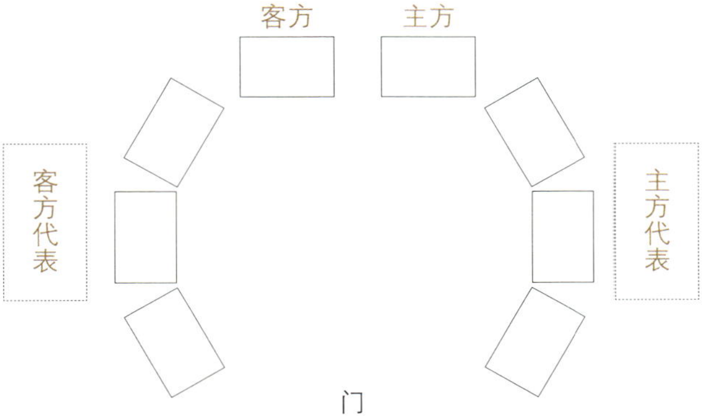

（会晤式座席排列）

（右）客方代表　　　　主方代表（左）

（签字仪式座席排列）

总之，不管是聚会宴请，还是会议谈判，在国内按照我国传统“以左为尊”的方式排序。在国际事务上，则按“以右为尊”的原则。如果担心出错，主办方可以事先书写好来宾的姓名，提前布置，让来宾依名字就座，岂不更周到！

叁

社交礼仪篇

不学礼，无以立

跪拜礼

跪拜轻重，礼不同

拜以磬折之容，吉事上左，凶事上右，随前以举，项衡以下，宁速无迟，背项之状，如屋之丘。

——《新书·容经》

跪拜礼在我国已有三千多年的历史，是古人使用时间最长的一种礼节，后传入日本和高丽，在今天仍旧还在使用。

今天一说到跪拜，有的人自然会联想到“屈辱”“卑贱”，人格的不对等，是封建糟粕，自然，不可能有人对别人轻易下跪。记得几年前，主持人董卿在采访我国著名翻译家许渊冲老先生时，面对坐在轮椅上96岁高龄的许老，为了保持平视和仰视的角度与许老说话，穿着高跟鞋的董卿，竟三次跪下，被网友称赞为“最美跪姿”。所以，对于传统的跪拜礼，我们先不急于全盘否定，我们可以先静下来，对先祖行跪拜礼之初的意义做一个还原。

◎ 九拜之礼

跪拜礼，在古代又称“拜”礼，从古人席地而坐开始，跪拜礼就成为向他人致敬的一种礼节。跪拜姿势，也是从跪坐演变而来的。

跪拜要点

先秦时期的“拜”，并不是今天我们所理解的“下跪叩头”。《容礼》载：“跪以微磬之容，揄右而下，进左而起，手有抑扬，各尊其纪。”对于席地而坐的那个时代，行跪拜礼，动作便捷，既显得恭敬，又不卑不亢。

跪拜礼的动作，是跪坐与拜的结合。正所谓，不跪不成拜，凡拜必跪。

第一种，席地而坐时，向对方行跪拜礼，动作要点如下：

双膝跪地，臀部放于脚踝之上。上身挺直，双手放于膝上。如果要向对方致敬，不用站起来，上身直起，臀部离开脚后跟，然后上身下俯，引手至地，完成跪拜。

第二种，站立时向对方行跪拜礼，需具体结合“立、跪、拜、兴”这几个动作，一气呵成。四个分解动作要领如下：

先“立”。身体直立，保持立容姿势，双手拱合，男子左手叠于右手背上，女子反之。掌心向内，与心口相平，或举手加额。

再“跪”。跪地时，先屈右腿，后屈左腿，双腿并齐，不能双腿同时屈跪。跪下后，上半身保持直立，臀部落于脚后跟上，保持跪坐姿势。

然后“拜”。跪后，引手拜叩。具体动作是先拱手，后俯身。手至地，头缓缓随手往下，或引头至手背，或引头触地面，形成手在

下图◎　男子跪拜

膝前、头在手前的姿势。至于额头最后停留在什么地方，要视具体情形而定。

最后“兴”。拜后，直起上半身。同时，手随齐眉，后恢复成坐容，最后视礼敬轻重，或再行叩拜，或起身。起身时，先起左腿，再起右腿，然后恢复立容（注：跪时，先屈右腿；兴时，先起左腿）。

◎ 九拜之仪

《周礼・春官・大祝》载：“辨九拜，一曰稽首，二曰顿首，三曰空首，四曰振动，五曰吉拜，六曰凶拜，七曰吉拜，八曰褒拜，九曰肃拜，以享、右祭祀。”古人根据不同场合和不同身份，又把跪拜礼细分为九种不同的拜姿。不过，前人对“九拜”之仪颇有异解，说法也各异，在这里简单作个了解。

第一种，稽首。

“稽首”是九拜中级别最高的大礼，也是吉事场合里最恭敬、最隆重的跪拜礼。

关于稽首礼动作，在诸多古籍文献中，学者说法稍有差异。在这里选择几种列出，以备大家参考。

说法之一，认为拜稽首，头和手都要触地。

《礼记·玉藻》载："君赐，稽首，据掌致诸地。"据郑玄注释："据掌，以左手覆按右手也。"在《周礼·大祝》篇中也有解释："稽首为敬之极，故为首至地。"郑玄注释："稽首，拜头至地也。"按以上说法，稽首礼的整个动作如下：先跪，再拱手，然后头俯于胸前的手上。之后缓缓而下，手伏地面，头也伏于地面（手的前面），最后需停留片刻，然后起身。

说法之二，稽首时，跪而拱手至地，只有手触地，头至手背即可，不触地。但此种说法，后人颇有异议，称此拜为拜手稽首。

不管哪种姿势，稽首礼是最恭敬的拜礼，所以有时候，古人拜一次稽首，还不足以表达内心的敬意，还会拜两次，就是把稽首动作，连做两次，古时称之为"再拜稽首"。《礼记·郊特牲》曰："拜，服也；稽首，服之甚也。"拜有顺服之意，如果稽首而拜，就更有顺服恭敬的含义在里面了。所以，一开始，臣拜君之礼，或君王祭拜天地，常用稽首礼。后来，子拜父、生拜师，拜天、拜神、拜祖先、拜宗庙、拜墓等，都可以行稽首或再拜稽首礼。

第二种，顿首。

所谓"顿"，古人解释为短暂的意思，也就是说，头至地后，不停留，即刻起来，动作迅速。所以，顿首跟稽首的动作基本相同，唯一不同之处就是，拜稽首时，头缓缓至地，而不用力，且头到了地面后，还须停留约三四秒后再起。而顿首，头触地后，即刻起来，时间很短，也有急迫叩头的意思在里面，所以才称之为顿首。

顿首，通常给我们的印象，都是在一些事情比较紧急，或向他人求饶、谢罪等情况下使用。其实，顿首在古代使用的范围比较广，常用于地位相近、平辈之间的互拜。还可用于下对上、幼对长的拜迎、拜送、拜望、拜别。比如，古人写信的时候，为了向对方表达敬意，又不能像见面时那样行跪拜礼，所以在开篇常常会写上“某某顿首”，在结尾会写“某某顿首再拜”，以示话别。

第三种，空首。

郑玄说：“空首，拜头至手，所谓拜手也。”空首，又称拜手或一拜。“空”，即不触地的意思。行礼时，两膝跪地，拱手至地，头部至手，但不触地。

空首礼为男子所行之礼，在拜礼中属于较轻的一种礼节。常作为君对臣、上对下、长对幼的答拜礼。比如，臣子向君王行稽首，作为君王则可以用空首来答拜。所以，以上三种拜礼，稽首、顿首、空首，在古代人际交往中，属正拜之礼。

第四种，振拜。

振拜，是丧事中最隆重的跪拜之礼，是对逝者表达哀悼之情的礼节。

行礼时，双膝跪地，不仅要跪拜、顿首，而且拜后还要“踊”，什么是踊呢？就是那种边哭边捶胸顿足的动作，叫“踊”，哭得极度哀痛，所以才称之为振拜。我们在今天的影视剧中常见到这种踊哭的形象。振拜属凶事之拜。

第五种，吉拜。

古代丧拜礼。行礼时，先行空首礼，而后缓行顿首礼。是服齐衰丧服者所行的拜礼。《礼记·杂记下》载：“非三年之丧以吉拜。”属丧拜中之轻者。

第六种，凶拜。

古代丧拜礼。行礼者须先稽颡（sǎng），后空首，稽颡也是古代的跪拜礼，动作与顿首相通。头触地时，表情须庄重肃穆且悲痛。凶拜是 25 个月内居丧期间答拜宾客的礼节。凶拜拱手时，男子右手在上，女子左手在上。

男子空首礼

对页图◎ 男子空手礼

第七种，奇拜。

说法较多，今从郑玄说，奇拜为一拜，是君答拜臣之礼。指行拜礼一次的意思。

第八种，褒拜。

褒拜，指拜两次的意思。

其实，奇拜和褒拜，指的是行礼者拜的次数，而不是两种单独的跪拜形式。古时，为了凸显拜者的礼敬程度，不仅看额头是否触地，还会在跪拜的次数上体现出来。

第九种，肃拜。

肃拜，是“九拜”中礼节最轻的拜礼，也是女子专属拜礼。

肃拜时，双膝跪地而拱手（右手在外），头微俯。古代妇人以肃拜为正礼，在婚礼、祭祀、祝贺等场合使用，即使拜谢君主赏赐，妇人也只用肃拜礼。

肃拜与肃揖不同，肃揖也是古代妇人拜礼。行礼时，是站立而拜。双手相拱，头微俯即可。双手举到什么高度，视对方年龄身份而定。正因为动作简单，不需要跪地，对于身披甲胄的军人来说，行礼时极为方便，所以肃揖也成为了军中拜礼。

上图◎ 女子肃拜礼

肃拜与手拜也有差异。手拜也是古代妇人的跪拜礼。行礼时，双膝跪地，两手先触地，然后拱手，同时低头至手。古时妇人以手拜为丧拜，以肃拜为正拜。

为了更清晰地了解“九拜之仪”，综合了前人学者的诸多解释，取其中最为精详的说法，根据它们的跪拜特征，简单归纳如下：

稽首：跪而拱手，头和手低至于地。

顿首：跪而拱手，头和手低叩于地。

空首：跪而拱手，手至地，头至手。

振动：悲痛时行之。

吉拜：丧拜之轻礼。先空首，后顿首。

凶拜：丧拜礼。先顿首，后空首。

奇拜：为一拜之礼。多用于君王拜臣下。

褒拜：两次或两次以上之拜礼。比如拜神或拜尸，用褒拜。

肃拜：跪而拱手，手不至地，头至手。

◎ 其他跪拜礼

避席而拜　何谓“避席”？原本是坐着的，见到尊长，起身离开自己的坐席，站立在一旁，给来者行跪拜礼，这种避席而拜的礼节，比在原席上行跪拜礼，要显得更加郑重。它不是坐而顺势的行礼，而是为了向对方致敬，特意起立离席，以站立的姿势单独完成跪拜的动作。“避席而拜”是一种向对方表达特别敬重之情的形式，甚至比顿首、稽首更为敬重。

抢跪　就是半跪半屈的姿势。行礼时，右膝跪地，左脚屈。双手拱手，或左手放于左膝上，右手下垂，这也是古代军中的跪礼。今天西安秦始皇兵马俑遗址展厅里，就有一尊屈左膝、跪右膝、上身直立、身披铠甲的跪射俑，姿势就是抢跪。

叩首礼　常见于下对上、卑对尊、少对长，是清代的常用礼。行礼时，肃立，然后跪于地。上身挺直，臀部贴在脚后跟上。双手在身前两侧齐按地，然后头部前额叩于地，礼毕起立。如果是身着朝服，得先用两手“啪啪”两下，先左后右，把朝服的马蹄袖头放下，再下跪请安。

叩首时，有一跪三叩、二跪六叩、三跪九叩等。比如官员之间行叩首礼，次数多少要根据官阶高低而定。官阶相近，可以行两叩或一叩。如果官阶相差较大，低者向高者可行三叩，也就是三拜以上的礼。比如，在清代，大臣觐见皇帝，需行三跪九叩之礼。当年，英国外交官马戛尔尼勋爵代表英国来到北京，面见乾隆皇帝。而清朝的官员要求他在行礼时，须向皇帝行三跪九叩之大礼。对于马戛尔尼来说，怎能受如此羞辱，愤而不跪。既然如此，乾隆皇帝也拒而不见。双方僵持不下，差点酿成外交事故。最后，经过多次的交涉，各自都做出让步，乾隆同意马戛尔尼只需要行单膝下跪礼。

◎ 跪拜的演变

对于跪拜礼越了解，就越有疑惑。古人为什么一见面就拜，拜的是什么？为何如此之久地一直拜？最初表达礼敬之情的跪拜礼，为何演变成了宣扬尊卑贵贱，带有屈辱、卑贱色彩的工具？

其实最早两周战国时期的跪拜，与我们今天所理解的叩头示卑，有着完全不同的含义。那个时代，无论是帝王还是平民，一律席地而坐，就连君臣之间也是如此。臣用跪拜礼向君示敬，君也一样用顿首来回礼，相互间毫无尊卑贵贱之分，只是礼敬之意。

到了汉代初年，社会各阶级也不太稳定，朝廷上也没有太多的礼法规章。当初跟随刘邦一起打天下的混混们，个个摇身一变，成了王侯将相，可仍旧是暴发户心态，言行举止随性粗鲁，不懂礼，也不讲礼。经常在朝会上，站没站相，不讲秩序，跟逛菜市场没什么两样，乱哄哄一团。尤其是酒宴，酗酒失态是常事。喝醉了，拔剑吼叫，乱砍皇宫里的柱子。坐在一旁的刘邦，看到群臣混乱不堪的场面，既厌恶，又无奈无助。于是，叔孙通制定了一系列的朝仪礼规。要求文武官员每次上朝，要严格按照官职大小排列。议事前要说一套规矩的辞令。平日里那些挥戈舞戟的大将军们，一个个也要趴在地上，然后仰脖抬眉，往上看着，向刘邦行礼。如果谁不讲礼仪，就会受到严厉的惩罚。从此，群臣们学会了面见天子时，“皆伏抑首”，再也看不到“醉或妄呼，拔剑击柱”的粗鲁行为了，乐得刘邦连声感叹：“吾今日乃知皇帝之贵也!”

叔孙通为汉制仪，着实让刘邦好生风光了一番，让他终于体会到了做皇帝之贵，不过，群臣们这一跪，跪没了君臣之间的亲密，反而拉开了距离。有学者认为，从叔孙通为汉制仪之后，再也看不到两周战国时期，那种君与臣相见相互跪拜致敬、促膝而谈的画面了。跪拜礼，已然开始失去原有的意义，只剩下臣服和尊卑。

随着历史的不断发展，到了东汉年间，人们的生活方式慢慢地发生着改变。尤其是桌椅床凳这些高足家具的普及，彻底改变了商周以来跪坐的姿势。人们从席地而坐，改成了垂足高坐。在日常生活中行跪拜礼时，动作不再那么方便。慢慢地，人们除了跪拜天地君师，日常的迎来送往采用站立式揖拜礼居多。偶尔跪在地上，向别人行拜礼，反倒显得极其隆重，同时尊卑贵贱的色彩明显加重。各朝各代的权贵们，更加重视跪拜礼的形式。为了体现自己身份上的威严感，把最初的跪拜次数，从最初的一拜逐渐变成三拜、四拜、五拜三叩，最后演变成清代的三拜九叩。礼敬次数越多，尊卑贵贱越明显。至辛亥革命后，才正式宣布废除跪拜礼，代之以鞠躬礼。

今天，随着时代的变迁，人们思想观念的转变，跪拜礼已经退出了我们的日常生活。只是在家庭祭祖、婚礼、葬礼这些特殊场合上使用。如此看来，今天的我们，只有在最悲伤或者最快乐的时候，才会想起祖辈的跪拜礼！

见面礼

作揖拱手，礼节多

古所谓揖，但举手而已。

——《老学庵笔记》

在今天，大大小小的会议场合，随时都能看到，我们国人不再主动去握对方的手行握手礼了，而是先握自己的手，行拱手礼打招呼。在这样一个交际面广、节奏又很快的时代，除了不符合时代发展，被人们淘汰的“跪拜礼”之外，传统的揖礼、拱手礼、合十礼，反而越来越受到人们的重视。究其原因，有以下几点：其一，相比握手礼，揖礼拱手不仅中正端庄，操作起来也简单，不烦琐。其二，相比西式见面礼，比如拥抱、握手、亲吻礼，少了身体接触，没有了亲近感。但是，通过相互间保持距离来表达对对方的敬意，一直是我们中国人最喜欢的传统表达方式。再者，相互间没有身体接触，这样也就避免了一些交叉感染，从卫生角度来看，也非常适合现代人对卫生的讲究。另外，传统见面礼施展起来，主动性强，还不需要对方的配合，随时随地都可以向对方行礼，对于快节奏生活的人们来说，更为便捷。不过，现代人对于传统见面礼的认识还不够深入，比如，双手具体怎么握，怎么举，哪种是揖礼，哪种算拱手，仍有人搞不清楚，行礼没有个标准。

◎ 揖礼

其实，先祖们早在商周时期就已经开始用揖礼向他人致敬了，距今已有三千多年的历史。

揖礼之所以在古代也很受欢迎，正是因为它的便捷。相比拱手礼、合十礼来说，揖礼表达的礼貌程度要重一些，但又比跪拜礼的礼敬程度轻很多。古代无论是在朝堂上，还是在普通百姓的婚嫁、宴请等场合，人们相互致谢、祝贺，辞别、告别时，甚至于向他人道歉、提问、回答时，都是先行个揖礼，再说话。可以说，除了最高礼节的跪拜礼，其次就是揖礼了，几乎融入到了古人生活的方方面面。在今天，过年过节、典礼庆贺，仍有人在使用揖礼。

揖礼要点

第一，何为揖?

用陆游《老学庵笔记》中一句话概括就是："古所谓揖，但举手而已。"揖礼就是拱手往前。郑玄解释得更仔细："推手曰揖。凡拱其手使前曰揖。"就是揖礼。

第二，揖礼动作要领。

揖礼时，先肃立，拱手合抱，齐于心。左手掌心贴于右手背（女子相反），手心向内。左右手拇指横向相对，其余四指并拢。双手高度推手至额或向前平推，或推手向下。身体也需随双手的移动，向下微俯低头，眼看自己鞋头，稍留片刻后，缓缓地以手随身起，拱手齐胸，礼毕，垂手或袖手，恢复立容。

明代学者方孝孺在《幼仪杂箴·揖》中，对行礼人的身姿、手位、视线，都作了详尽的规范："张拱而前，肃以纾敬。上手宜徐，视瞻必定。勿游以傲，勿佻以轻。远耻辱于人，动必以正。" 揖礼时，表情要庄重。拱手往上时，速度要缓慢。同时，视线要平稳，不可左顾右盼，轻佻散漫。整个形体稳重端正，不能摇来晃去。为了便于记忆，把（男子）揖礼的动作要点总结如下：

> 身体肃立，足闲二寸
> 抱臂如鼓，拱手齐心
> 两手相叠，左手在外
> 掌心向内，拇指横对
> 表情庄静，视瞻平正

男女揖礼

对页图◎　男女揖礼

下页图◎　天揖　时揖

揖礼种类

因为古人非常讲究辈分高低，所以揖礼举手，自然会有所区别。据《周礼・秋官・司仪》载，按拱手高低，揖礼又大致分为“天揖”“时揖”“土揖”“长揖”“旅揖”“旁三揖”。下面对每一种揖礼的特点，作个详尽的介绍。

第一种，天揖。

“天揖”，按照字面意思便知道，拱手一定是往上的。郑玄注释得好：“推手小举之为天揖。”具体动作是：先要拱手于胸前，男子左手覆于右手上，右手心朝内（女子相反）。然后推手举至额，自上而下曲身低首，手至膝稍作停留，起身袖手，恢复立容。

天揖多用于正式场合，比如祭祀、冠礼、婚礼等，面对尊长可行此礼，也用于君王对诸侯和本家同姓诸侯的礼节。

第二种，时揖。

时揖，郑玄注释说：“推手平之为时揖。”平，就是双手平推向前。时揖的动作，拱手从胸前往外平推即可，身体微磬，保持几秒钟后再起身，同时袖手，恢复立容。

天揖

时揖

对页图◎ 土揖

时揖多用于平辈之间，也用于君对臣的行礼，恭敬程度比天揖稍差一点。

第三种，土揖。

土揖，郑玄注释为“凡推手小下之为土揖”，小下，也就是拱手微微向下推，比时揖那种平移的位置，稍低一下。行礼时，拱手俯身约 30 度，推手稍向下，然后缓缓起身，同时袖手，恢复立容。土揖，多用于上对下、长对幼的回礼。

第四种，长揖。

长揖，又称为“帝揖”，是一种很特别的揖礼，是揖礼中最为敬重的一种。一般面对尊长、位高者行揖礼，或者不方便行跪拜礼时，古人便用长揖来代替，属于站立致敬中最为恭敬的一种。

行长揖礼时，拱手高举过头，并做一个自上而下的大幅度动作，以加深敬重程度。同时，曲身低手，手过膝。稍作停留，手随身起，恢复立容。

第五种，旅揖。

郑玄《注》：“旅，众也。大夫爵同者众揖之。”旅揖指官爵相同

土揖

的人相互揖礼。在古代多为士大夫之间常用。

第六种，旁三揖。

对于“旁三揖”的意思，前人有异解，兹只取其中一种。旁三揖，就是面对众人拱手三次揖礼。古人行揖礼时，跟跪拜礼一样，也会用次数多少来区别礼数轻重。据资料记载，在清代的官场，知州、知县、直隶州州同、州判等这样级别的官员，在拜见总督、巡抚的时候，要行跪拜礼。告退的时候，就不用再行跪拜礼了，而是行三揖礼，也就是作揖三次。文官之间，五、六、七品官拜见一品大学士，就行三揖礼。

同样，为了便于记忆，以上几种揖礼的行礼特点，可以概括如下：

天揖：拱手至额，自上而下。

时揖：拱手齐心，平伸前移。

土揖：拱手前伸，推手小下。

长揖：拱手过头，自上而下。

旅揖：爵位相同者，相互揖礼。

旁三揖：对众人一次作揖三下。

由此看出，古人讲究礼数很周到仔细，即便行个礼，作个揖，也要区分对象，辨个亲疏内外。就拿“天揖”“时揖”“土揖”这三种揖礼来说吧，《周礼·秋官·司仪》中记载：“南乡见诸侯，土揖庶姓，时揖异姓，天揖同姓。”指君王在城门外迎接诸侯时，采用的是揖礼。不可能行跪拜礼，毕竟身份是君，长揖也不用。君王分别对没有亲戚关系的庶姓诸侯，行土揖。对有姻亲关系的异姓，行时揖。对本家同姓的人，行天揖。另外，在行揖礼过程中，推手的高度也有高、平、低之分。拱手胸前，或举至额前，或高过头顶，或向下过至膝，这里面的敬重程度是有差异的。

◎ 拱手礼

拱手礼对大家来说再熟悉不过了，但在日常生活中还是有人做错动作，看来还是没有学到重点。

拱手礼起源很早，又称捧手礼，可追溯到商代，是古人站立时，或行走过程中，向他人拱手致意的一种行礼方式。相比上一节说到的跪拜礼，拱手礼简单得多，在古代主要用于春节拜年、婚礼、生日、庆功、亲朋好友之间的恭喜祝贺。在今天的社交场合，拱手礼仍属常用礼。

行拱手礼时，身体立而磬折，双手在胸前叠合抱拱，手型如

上图◎ 拱手礼

拱，立而不俯。或一手虚握，另一只手覆盖其上，与胸齐平。然后，两手自上而下，或由内向外拱手致敬。其中，有三个动作细节需要注意：

其一，前后移动的方向。拱手分两种方式：一种是拱手向外，古时称揖。另一种是拱手向内引至于胸，古时称为厌。我们现在拱手，大都采用“揖”。

其二，左右手的位置。两手拱合时，左右手的位置男女是有差别的，在今天也是如此。拱手礼有吉凶之分。遇吉事，如祭祀、婚嫁、笄冠礼、燕飨、日常交际问候等属吉事。拱手行礼时，男子左手在外，以左示人，是一种敬意和尊重的表达。而女子则反之，右手在外。遇凶事，如家中有亲人去世的话，此人正处于凶事，拱手行礼时，要与吉事方向相反，男子行礼时右手在外，而女子则左手在外。位置弄反了，会被视为对他人的大不敬。

之所以有这样的区别，是因为古人认为左为阳，右为阴。男为阳，尚左，女为阴，尚右。所以，今人行拱手礼时，万不可弄错左右手的位置。

其三，上下合拱的高度。行礼时，身份不同，拱手的高度也不同，敬重程度也有差异。第一种举手加额，行礼者两手相拱，举手与额齐平，常用于对尊长的致敬。第二种拱手胸前，双手相拱，与胸齐平，位置不高于额头，不低于胸，属平辈之间的敬拜高度。

◎ 叉手礼

说到叉手，一部国内电视剧《长安十二时辰》，就把今人原本不熟悉的古礼带入了时尚圈，火爆了一把，据说有不少年轻的粉丝们，争相模仿。叉手礼，最早从西域传入，西晋开始慢慢进入中原，在唐、五代、辽、宋、金、元时期最为流行，尤其在唐宋时期，盛行一时。上至达官贵人，下至平民百姓，不分男女老少，都以叉手相互打招呼，就像我们今天的握手一样普遍。其实，要想了解这种行礼动作，我们还可以从著名的《韩熙载夜宴图》中，见到叉手礼的真容。

叉手礼，乍一看跟拱手礼差不多，但两者之间有很大的区别。

上图◎ 叉手礼

首先，拱手礼是双手合抱，一只手贴于另一只手的手背上。而叉手礼，则是两手交握，左手握住右手的大拇指，小指指向右手腕。右手拇指向上，其余四指或舒或握。行礼时，端立不跪，头和手同时微微颔首致意。叉手与其他行礼不同，拱手或揖礼行完礼后，双手直接垂下，恢复立容，就算结束了，但叉手礼不同，手并不放下，而是继续保持这个动作，往回收到胸前，约两三寸的位置，正所谓“叉手不离方寸”，就是这个意思。

行叉手礼时，宋人有个习惯，就是边行礼边发出“喏（rě）”声，与我们今人边握手边说“你好”差不多意思，有打招呼的成分，古时称之为“唱喏”之礼。类似于这种边行礼边应声的方式，早在战国时期，还出现过用“嗨”来做应答声的，作为现代人的我们，是不是很熟悉这个声音？不知是古人有超前意识，还是今人在模仿先祖呢！秦汉时期用“诺”“唯”“允”来应，再到清代的“嗻

（zhē）”声，都是边行礼边应答，但不是打招呼，而是下级对上级、家仆对主人的一种应诺后的应答声，意思为“是”“遵命”“遵旨”，与宋人的唱喏之礼，是有一定区别的。

叉手礼，大多数用于下对上、幼对长的日常礼节。在许多场合被广泛使用，比如日常的打招呼，站立或下跪时的回话，都适合行叉手礼。行礼时，根据受礼者的身份不同，姿势会稍有变化。如果平辈之间只是想打个招呼，行个叉手礼，身体微微颔首致意就可以了。如果遇到身份高的人，行叉手礼时，身体则要磬折，以示敬意。若是遇到地位很高的人，那就得跪下，再行叉手礼了。

◎ 抱拳礼

说到抱拳礼，今天常有人与拱手礼相混淆。抱拳礼，在古代常用于习武之人。抱拳礼最早起源于军队。军人一般用右手拿兵器，行礼时只好用左手覆盖在握有武器的右手背上。之后，这种敬礼方式慢慢地也流行到了民间，春秋至两晋时期最为盛行。直至唐宋，随着叉手礼的流行，抱拳和揖礼开始慢慢变弱。到了明代，随着民间习武风气的盛行，抱拳礼才成为习武之人使用的一种专用致敬礼节，一直延续至今。

行抱拳礼是有门道有讲究的。比武时，往往两人都会面对面站好，各自向对方先行一个抱拳礼。行礼前，需左脚先上前一步，右脚跟上与左脚并步，然后双手拱为“左掌右拳”的形状。即右手握实拳，拳面外向，拳眼斜对着胸窝。左手成掌，包盖在右拳上，右拳的拳顶要正好在左掌心中指的下端。左手拇指弯曲，紧贴在右手虎口处，其余四指伸直，与下颌平齐。同时，两肘稍抬起，屈臂成圆，环抱在胸前或偏上一点。目视对方，然后两手向前推举出，以示敬意。

关于左右手放置的顺序，在武术界有几种说法。说法一，比武时，若左手拢着右手，表示让对方先打进来。若右手拢着左手，表示自己要先打出去。说法二，若是左掌右拳，意思只是切磋而已。若右掌左拳的话，有可能就是一决生死之意。说法三，从道家来讲，以左手为敬，故左边为大。左手为善，右手为恶。左手盖右手，寓意为扬善隐恶。

◎ 鞠躬礼

“鞠躬”，意为弯身。最早的出处是在我国的商代。那个时期，人们用祭品祭祀神灵时，其中有祭天仪式的“鞠祭”，就是把祭

上图◎ 抱拳礼

品牛、羊、猪等不切成块，而是将整只卷成圆的鞠形，直接摆到俎（zǔ）上奉祭，这种造型就是最早代表恭敬与虔诚的“鞠躬”。

鞠躬礼采用的是站立式致敬的一种礼节。行礼时，需两脚并拢，然后拱手弯腰，俯身向下，停留 2 ~ 3 秒，即可起身，恢复立容。

鞠躬礼跟揖礼一样，在向对方表达敬重程度方面，主要在于弯腰的深浅，程度越深，敬意也越深。腰身下俯 15 度 ~ 30 度，古时称为“微磬”，适用于平辈之间，或尊长对晚辈的回礼。腰身下俯 40 度 ~ 60 度，称为“磬折”，适用于对尊长的致敬。腰身俯折 90 度，称为“矩折”，适用于祭祀、婚礼等场合或向身份地位极高者的致敬。

鞠躬礼动作简单，但要求跟揖礼一样严格。行礼过程中，不并腿，或者随随便便弯一下腰，随意敷衍地点点头，甚至嘴里嚼着东西，都是极不礼貌的行为。另外，鞠躬时，绝不可摘冠。这与民国时期开始流行的西式脱帽鞠躬不一样。冠戴在头上，不可随意摘下，行礼前须先正冠，再向他人鞠躬。

鞠躬礼在古代适用的场合非常多，比如婚丧嫁娶、上下长幼、亲朋好友，相互都可以行鞠躬礼。甚至在朝仪、庆贺典仪这样的大场合也可以使用。据史料记载，在明朝举行庆贺大典，百官向皇帝祝贺时，都要先行跪拜礼，起立后，插笏（上朝手里拿的板）于腰间，然后三鞠躬，舞蹈，并三呼"万岁"。行礼就行礼，为何还舞上了呢？其实，群臣拜见天子，拜而舞，不是我们今天所理解的还要跳上一段舞蹈。只是行礼前，扬臂举足，掀袍作势的一种稍微夸张的动作。从今天的影视剧中，也可以看到天子上殿群臣参拜而舞的场面，只不过与古人相比，过于夸张了些！

鞠躬礼是唯一无须推手、弯曲膝盖的敬礼方式，便捷又不失敬意，这也是经历数千年可以延续至今的原因。在今天的朝鲜半岛和日本，仍以我国传统的鞠躬方式为主要致敬礼节。在日常生活中，晚辈对尊长，可以行鞠躬礼表达敬意。在服务行业，工作人员对宾客表示欢迎，可以鞠躬问候。在舞台上，表演者或领奖者对观众表示感谢时，也常用到鞠躬礼。可以说，鞠躬不仅仅是一种简单的示敬动作，正如诸葛亮那句“鞠躬尽瘁，死而后已”，更是谦卑、恭敬，勤勤恳恳、尽心尽力做事，到死为止的一种精神品质的表达。

◎ 打躬礼

打躬，又称打恭，类似于长揖礼。

行礼时，身体需要深深地弯下腰来作揖。打躬与长揖，都是揖礼中的重礼，但二者又有区别。长揖，虽然要躬身，但弯身下去的深度小，且动作主要表现在作揖时手臂自上而下的动作幅度大小上，来表现对对方的敬意。而“打躬”的侧重点，则是上身弯以深鞠躬为主。

正因为打躬有作揖动作，而且上身深度躬身，不仅是对对方表达深深的敬意或谢意时所行的礼节，还常常用作道歉、谢罪时所行之礼。

◎ 仕女万福

前一章提到了古代妇人的肃拜礼，万福礼就是肃拜礼的另一种变形，也是古代妇人的常用拜礼。

女子万福礼

古代女子一直用肃拜作为常礼，到了唐代的武则天时期，妇人的行礼有了变化，一律立而不跪，只需两手手指合拢相扣，左手在下，右手覆在左手上，松松地握拳重叠，轻轻搭于胸前，或放于左腰侧即可。致敬时，左腿前置，右腿后支，庄重而缓慢地微微俯首约30度。同时，双手上下移动几下，并屈一下膝盖，略微作鞠躬，这种拜仪，在当时称为“女人拜”。又因行礼时，会略提一下衣襟，再弯腿曲身，故又称“敛衽拜”。有时妇人边行礼，还会附上一句“万福”，由此“女人拜”又有了新的名称，叫“道万福”“万福礼”“福拜礼”等。妇人拜一拜，便被称为“福一福”，拜几拜称为“福几福”。

对页图◎ 女子万福礼

◎ 执手礼

执手，又称“奉手”，就是双手握住对方的一只手，相当于今天的握手礼。早在西周时期就已经有了这种姿势，《诗经·郑风·遵大路》有云：“遵大路兮，掺执子之手兮。无我魗(chǒu)兮，不寁(zǎn)好兮。”意思是，拉着情人的手，恳求情人不要断了这份情。我们的传统性格，一向比西方人内敛，行礼的方式也都是以恭敬为主，情感不太轻易表露于外，但唯有“执手礼”，是通过接触对方的身体表达情意的。在《诗经·邶风·击鼓》中也有这样的表达方式，“执子之手，与子偕老”，丈夫要去打仗了，别离时，妻子伤心地握着丈夫的手，表达“与子偕老”之情。北宋词人柳永的《雨霖铃》中的那句“执手相看泪眼，竟无语凝咽”，一对相爱中的男女，面对分别是如此的不舍，竟情不自禁地相互执手对泣。所以，我们今人也不要小看了古人在情感上大胆的表达。两个相爱之人，长辈对晚辈的关爱之情，或者好友之间，情到深处，相见或分别之际自然而然地执手相对，与西式握手礼相比，我国传统的执手方式向对方表达的情感要丰富许多。

◎ 颔首礼

颔首，就是今天的点头致意。在古代，一般用于交情较浅的人之间。另外，如果距离较远，不方便行礼，往往不得已而用颔首致意。

颔首礼在今天的日常生活当中属常用之礼。如在某些公共场合，遇到长辈、领导、朋友，不方便上前握手致意时，只要轻轻颔首致意就行。或在办公室的走廊里遇见领导、同事，不必握手致敬，行点头礼即可，这样既不失礼，又可以避免尴尬。

◎ 请安礼

请安礼，源于辽金，主要是下人对主人所行之礼。后来到了清朝，慢慢就变成了满族人下对上、幼对长的请安礼节。

请安礼动作有大小、男女之分。

请小安时，动作简单，只要垂手站立，低头唱喏，问安即可。请大安礼，又称“打千儿”。行礼者需单腿下跪，先向前迈左脚，左手扶膝盖。右腿半跪，右手沿膝下垂。左右腿的间距不可过大，保持左腿向前迈的自然间距，不可向后蹬腿。头颈与上身略微向前倾，双肩平展。行礼时，口中说诸如“阿玛安”“额娘安”“××给××请安”等问候语，礼毕，恢复立容。这是男子请安动作。而女子请安时，双腿平行站立，两手扶左膝，躬腰略微半蹲，附上“请××大安”等问候语。

到了清朝中后期，请安礼基本上成了贵族家庭里的家规。比如已婚女子早晚向公婆请安，小辈要对长辈三天请一次小安，五天请一次大安。就连皇帝对自己的额娘，也得这么做。

◎ 见面礼节

了解了纷繁复杂的拜礼，也知道了行礼的各种姿势，按古人的要求，这还不够。如果不懂拜礼的规矩，就很容易失分寸，造成失礼。古人彼此相见时，何人先拜、何人后拜以及如何答拜，都各有不同的先后顺序，下面我们具体来看看。

谁先行礼?

通常，幼者、晚辈、地位低者，先行礼。比如，孩子见老人，学生见师长，不能让长者先拜，孩子、学生得先给长者拜，长者一般来说也要回礼。再如拜谒某人，作为客人要先拜主人，之后主人再回拜。如果年龄相近，地位相当，相见时应各自不论先后，主动先致敬行礼。

如何答拜?

在古代，一般情况下，不管对方地位多低，凡是受了对方的拜礼，必须礼尚往来，抱以答拜。当然，双方地位悬殊较大，位高者可以用较轻于低者的拜礼来答拜。成年男女之间也是如此。一般，女子要先拜，男子答拜后，女子再一拜，称为“侠拜”。若男子拜一拜，女子则要拜两拜。只有以下几种情况，可以不作答拜。比如在吊唁场合，或士见国君时。《礼记》中载，当国君面对本国的士行拜礼时，可以不必答拜，但如果是其他国家来的士，国君应该答拜。还有一种特殊情况，受礼者可以不答拜，如《礼记·曲礼》中说到的，大夫、士人与君王相见，要向君行再拜稽首之礼，以示敬畏之心。但如果是国君亲自来迎接，并主动向大夫和士行拜礼，那么大夫和士不应作答拜，而是要用后退的方式避礼，表示不敢当。看似退避，实则在向国君表达敬意。

揖礼

拜见礼

谦恭庄敬，讲分寸

往而不来，非礼也；来而不往，亦非礼也。

——《礼记·曲礼上》

对页图◎ 揖礼

自古以来，中国人很重视人与人之间的礼尚往来，对至亲故旧、家族邻里，无不以礼相待。尤其是贵族之间，士大夫与各等级之间的相互拜访，最为典范。虽说士是介于贵族与平民之间的阶层，在贵族阶层的序列中属最低的一个等级，但成员众多，社交也最活跃。大部分的日常行为礼仪规范，也都以士大夫高贵而又谦逊的道德品质，来推己及人。其中，拜见礼被广泛应用于贵族各个阶层，尤其是士人的社会活动当中。

◎ 拜客投刺

拜访，又称拜见、拜谒、造访。在古代，一般用于下对上、幼对长、卑对尊的请见。

今天，人们第一次见面时，如有继续交往的意愿，互相递上自己的名片或“互扫”一下微信，就进入到了对方的朋友圈。这种交际方式，早在先秦时期，就已经成为拜客的礼节之一了。

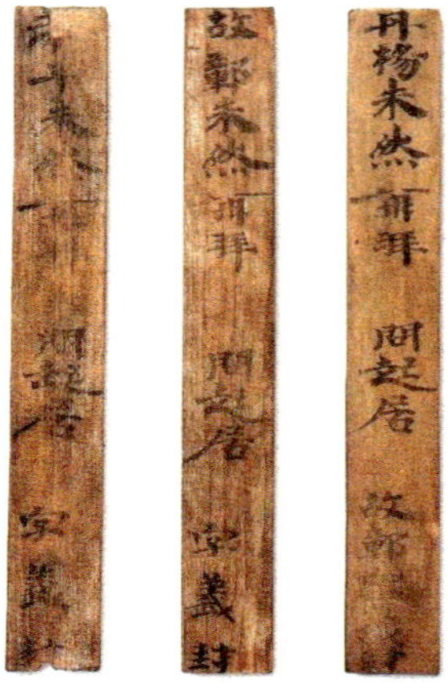

上图◎ 古时木刺

在古代，平民百姓之间串亲访友，没有过多的礼节，事先也没必要提前通知对方，多为随时拜访。但若是初次登门拜访某尊长，又没有第三方作介绍，这种情况下，是不能贸然去别人家登门求见的。即便是今天，也属不恰当的行为，因为这样会打乱受访者的时间安排。那怎么办呢？古时又不能像今人一样，打个电话，提前预约。于是就发明了一种拜客投“刺”的方式，流行于社交圈。

“刺”，又称“名刺”“寸楮”，是一种用木片削制而成的简牍，上面书写着自己的名字、籍贯，甚至有人还加上自己的官爵。类似于今天的名片。盛唐时期，传入日本。直至今天，日本人仍把使用频繁的名片称为“名刺”。

如何“投刺”呢？第一次到别人家里去拜访，拜访者（士阶层以上的往来者）通常会向受访者家里，先投刺表明身份，目的是让被求见者对自己事先有一个基本了解，得到受访者允见，方可登门拜访。

名刺的种类，随着时代的不断发展，形式也不断发生变化。先秦时期，以文人雅士使用名刺居多。到了东汉，因为纸的发明，木制“名刺”便有了“名纸”“名帖”“名片”了，而且多以红色为主。唐宋时期，官僚士大夫之间使用较为广泛，造型也变得小巧精致，

上图◎明·陈洪绶《晋爵图》（局部）

携带起来更为便捷。到了明清时期，望门投刺蔚然成风，无论是朝官之间，还是平民百姓，下属拜见上司，门生拜见老师，都可以投以名刺。清中后期，“名刺”改称为“拜帖”“飞帖”，内容更为具体，正面有自己的“官职、姓名”，反面还写着自己的字、籍贯、年龄甚至出身，比现代名片的内容复杂得多。

◎ 挚见礼

古人把初次拜见时馈赠的礼节，称作“挚见礼”。“挚”，就是所带的礼物，又作“贽”。

初次去拜见别人，如果两手空空就登门拜访，是有失礼节的。士人求见，常“不以挚，不敢见”。这并不是古人有多么看重钱财，执“挚”来访，只是一种以示厚意的表达方式。尤其是古代的文人雅士，更不喜以钱财来衡量情谊，多以德行相交。不像今天，送礼大多奢靡精贵，古代的挚见礼，不太在意礼物的贵贱，看重的是所赠礼物本身所赋予的精神品行。早在西周、春秋时期，什么阶层送什么礼，都是约定俗成、需要共同遵守的，不能出现任何差错。《礼记·曲礼下》有云："凡挚，天子鬯（chàng），诸侯圭，卿羔，大夫雁，士雉，庶人之挚匹……野外军中无挚，以缨、拾、矢可也。妇人之挚，椇、榛、脯、修、枣、栗。"人们相互拜见，依照礼制，天子可赐予香酒，诸侯以玉为挚，卿相送羊羔，大夫以大雁为挚，士人以野鸡为挚。平民则送野鸭，军队原本没什么可作礼物的，送帽带、臂套、箭矢就行，而工商业者以鸡为挚。至于为什么有的送羊羔，有的送野鸭，各有各的寓意。

挚见礼有固定的仪节程序。宾主之间，授与不受，有"三辞三请"的仪规。拜访者与受访者相见互拜后，拜访者要把携带的礼恭敬地奉给主人，以示敬意。而主人一般不能立即就收下，而是要依礼向宾客推辞拒收礼物三次，以示礼貌。第一次推辞，古礼称为"礼辞"又称"初辞"。第二次推辞，称为"固辞"，又称"中辞"。第三次推辞，称"终辞"。同样，主人"三辞"拒收，而宾客仍要三次恳请主人收下。就这样，宾主双方在"你来我往"如此反复三次推请之下，最后主人才可以收下礼物。

不过，主人也不都是每次都得行"三辞"礼，而是根据与宾客之间的关系亲疏，有选择地接受礼物。如果主人与宾客的交情一般，在受挚时，主人需依礼推辞三次后，方可接受礼物。而双方交情较深，主人在对方第二次固请时，就可以收下。但如果宾客是主人的尊长，依照古礼，在尊长第一次授挚时，就得马上恭敬地收下礼物，不能推辞。推辞的话，就是对长辈的不恭敬了。相反，对于前来拜访的来宾，主人出于某种原因，不能接见，既然不见，就不能接受宾客送来的礼。

接受与否，反正要三辞三请，你来我往一下。这种场面，就跟我们小时候，过年收到红包，父母总是叮嘱我们，不能马上收下，一定要先推让，其实是一个道理。即便“三辞三请”反复推请，但双方都会恭敬、诚恳地按仪程走一遍，不仅是对宾客的尊敬，也恰恰体现了古人辞让的美德。

最后，“受挚”还须“还挚”。主人收下了客人送来的挚，改日还须携带相等的挚，去客人家里回访。也许有人会问，有机会请他吃个饭，喝个茶，不就行啦，为何还得特意定个日子，登门回访？若是按现代的想法行之，非“礼”也！古人认为，别人送来礼，若不还礼，就会有贪财之嫌。

春秋时期有一个叫阳货的人，是孔子在政治上非常鄙视和反对的“乱臣贼子”，孔子不愿与其交往，不愿去他手下做官。可阳货呢，非要登门拜访，还送了孔子一头猪作为拜访礼，逼得孔子来见自己。这一招，让十分尊崇礼制的孔子十分纠结。

> 明知道这是阳货的计策，可没办法呀，虽然不待见阳货，可别人送你东西了，“来而不往，非礼也”。如果有来无往，就是失礼！于是，孔子抖了个机灵，挑了一个阳货不在家的时间去回拜，既做到了不失礼，又避免了和阳货见面。

可见，还挚回拜也是挚见礼中必不可少的一个环节。不过，也要视具体情况来确定。当主人的身份、地位高于拜访者时，如晚辈拜见长辈，臣下拜见君上，位高者在接受挚后，可以不回挚。这并不是对低者的轻视，相反，只有这样，才表示尊长接受了晚辈或臣下。[注9]但如果发生在两国之间，如别国的使者来访，虽与本国的国君地位有悬殊，但君受挚后，一定要派礼宾人员给来访国回挚，以示对他国的尊重。另外一种情况，也可以不回挚。比如，相亲时男方家为了确定关系，给女方家送来纳彩，如果女方接受了挚，就代表答应了这么亲事，可以不用还挚。

【注9】杨宽：《古史新探》，上海人民出版社2016年版，第349页。

◎ 士相见礼

古代相见礼，在诸侯、公、卿、大夫、士阶层之间的交际礼节当中，历代都有一套严明的礼仪规矩。尤其是士相见礼最具典型。

第一类，士与士相见礼。

士与同为士的前辈相见，要以“雉”为礼。

为何以“雉”为礼？郑玄解释道：“取其耿介，交有时，别有伦。”“雉”，是一种禽鸟，也就是野鸡。雉鸡如果被活捉了，宁断颈而死，也不愿被圈养。雉鸡身上的这种特质，就像士的品性，宁死不屈，高洁有义。所以，雉是古代士人精神的象征。

士相见，要用死雉为礼。《礼记·士相见礼》有云：“冬用雉，夏用腒（jū）。”冬天就送死雉，虽死但不腐烂。腒，就是雉，只不过是经过风干处理，不易腐臭，所以，在夏天送腒。

士相见礼的过程如下：

为了便于理解，我把拜访者称为宾，受访者称为主人。首先，宾登门求见，携雉到达门外，对主人行拜礼后，说明来意。大概意思为，一直想要来拜访您，一直没有机会前来。今天有缘，特意带着礼物，来拜访您。而此时，作为主人，行回拜礼后，要请辞礼物，表示对宾带着挚屈尊前来，还带着这样的大礼，不敢当。请宾先回去，改日去宾家再登门拜访。宾再固请，主人再固辞，一番“你来我往”谦让说辞之后，主人出大门，把宾迎接进门。

进门时，主人行再拜礼，宾也以相同之礼为答拜。之后，主人揖礼请宾入门。宾从门左（西边）入，主人从门右（东边）入。

士与士相见，在庭中授挚。当宾主双方入门后，走至庭中，宾行再拜之礼，然后双手捧上雉，但是要把雉头朝向左边，献给主人。为何雉头向左呢？贾公彦注疏为：左，为首为阳，头也为阳，“君子居则贵左”，寓意虽死犹尚左，象征士人精神，以示对主人的敬意。所以要把雉鸡的头朝向左进献给主人。最后，主人行再拜之礼，接受雉。

礼毕，宾主双方才进屋交谈。

不过，主人要择日到宾家登门拜访，算是对上次宾前来府上求见的回拜。而带的礼物，就是此前宾送来的雉。主人去宾家拜见，仪程如上，就不再复述了。

第二类，士与大夫相见礼。

士见大夫，也以“雉”为礼。士见大夫，因双方的身份有尊卑之别，彼此相见的仪程，跟士相见礼会有一些差异。

第一，当士携雉到达门外时，与士人之间相见要出门迎接不同，作为主人的大夫，则可以不出门，只需降阶到庭，在庭中迎接就可以，不算失礼。

第二，士进门后，在庭中献挚。首先，士向大夫行再拜叩首礼，而大夫行一拜之礼作答。接着，士对大夫授挚的方式，跟士人之间直接双手相授不同，士不亲自献雉给大夫，而是把雉放在地上，由别人转授。这种方式，古代叫作“奠挚”礼，一般用在臣拜君、幼见长、卑见尊之间，表示自己地位卑下，不敢直接相递给长上的意思。

第三，与士相见礼不同，大夫对士的雉是“终辞其雉”。什么意思呢？士在献雉的过程中，大夫只需要“辞雉”两次，表示不敢接受，就可以了，而士也需“固请”两次。但是最后，大夫依然不受雉。至于为什么不接受雉，不是瞧不起比他地位低的士送的礼物，只是依礼而行。正因为双方地位有悬殊，大夫如果接受了士献的雉，依礼是要回礼还雉的。但毕竟大夫不能自降身份，到士家里去回拜吧，所以，面对士献过来的雉，大夫只能“终辞其雉”。

第三类，大夫与大夫相见礼。

大夫与大夫的相见礼，因为身份对等，所以仪程与士人之间的相见礼差不多，只是所用的挚不同而已。

古时大夫阶层，有上大夫与下大夫之分。国有三卿、五大夫，上为三卿，下为五大夫。下大夫之间的相见礼，以“雁”为挚。后因雁难求，也可以用“鹅”代之。

为何以“雁”为大夫之礼呢？郑玄注：“雁取知时，飞翔有行列也。”

贾公彦疏："以其木落南翔，冰泮北徂，随阳南北，义取大夫能从君政教而施之。义取大夫能依其位次，尊卑有序也。"大雁来去有时，飞行时能自觉成行成列，象征大夫之职责，也能如大雁般自律，来侍奉君上。

大夫之间献雁的方式很特别。先要用一根绳子，把雁的双足系上，还要给雁打扮一番，身上裹上布，这样看起来，就显得更为庄重。其他仪程与士相见礼相同，宾也需要把雁的头部朝向左献给主人。因身份对等，主人受挚后，需回访还挚。

而上大夫相见，则以"羊"为挚。以羊为礼物有何用意呢？郑玄注："羔取其从帅，群而不党。"意思是羔羊成群，却不结党。行动上都会服从领头羊，象征上大夫事君时，定当如此。要正直，不可结党营私。献羊时，宾也要把羊用布裹上，四足两两相系。授羊时，羊的头部也朝向左方。主人受挚后，需回访还挚。

第四类，天子与诸侯相见礼。

天子与诸侯相见之礼，规格高，仪式庄重。天子与诸侯相见，多以美酒为挚，天子可赐鬯（chàng），是一种香酒，用黑黍和香草酿制而成。而诸侯之间的拜见，大都以"玉"为挚。

玉器分为六种，以区分公、侯、伯、子、男五等诸侯的不同等级，王，手执镇珪，一种上圆下方的长方形瑞玉，有天子镇抚天下之圭。公，以桓圭为挚，这是一种长条形玉器，上端有一个三角和栋梁的形状，象征邦国中坚。而侯，则以信圭为挚，造型像一个人形，象征慎行保身之意。伯，以躬圭为挚，像一个人的四体之形，象征忠信谨敬以事上。子，以谷璧为挚，是一个正中有孔的平圆形玉器，上面有谷形作装饰，象征以谷奉宗庙养万民。男，以蒲璧为挚，上面有蒲草的形状，因为蒲可以作成席，可以居席为安，象征安民之意。

其他阶层，如庶人之间，也会有礼尚往来。古礼规定，庶人以鹜（wù）为礼，就是鸭子。送鸭，取鸭不飞迁，象征百姓安土重迁之意。妇人送礼，则用椇果、榛子或肉干、干肉、枣、栗子等干果类，这可能是原始风俗习惯的一种沿袭吧。因为氏族制末期，男女分工，男子负责狩猎，女子则负责采集野生果实，并料理家务。后来贵族男子，就以禽兽为“挚”，而妇女以干果与干肉为“挚”。【注10】

古礼要求“无挚不成礼”，人们重视的是礼节的“礼”，而非礼物的礼。今天，馈赠也是常有之事，古代馈赠文化当中优良的部分，也应得到很好的继承。但这不一定非要反映在送礼上，更不提倡礼物的贵重奢华。拜亲访友，带一点礼物，最主要的是情感的维系，这才是最重要的。另外，古代送礼有个忌讳，我觉得放在今天

【注10】杨宽：《古史新探》，上海人民出版社2016年版。

也挺适用,《礼记·曲礼》提到:“赐人者不曰‘来取’,与人者不问其所欲。”送给别人东西的时候,不要对别人说“来拿”。把自己的东西给予他人的时候,不要问大家想要什么。馈赠,需量力而行,不可勉强行之,更不可强行予人,只有这样的送礼,方为合“礼”。

◎ 交谈之礼

宾主相见,除了行礼、寒暄、问候之外,主要还是为了相互间的交流。俗语说得好,“话不投机半句多”,好的交流可以融洽感情,拉近彼此间的距离。反之,东聊西扯,耽误主人的时间不说,弄不好还会成为不受欢迎的客人。

尤其是拜见性质的交流,因为大多是下对上、幼对长、卑对尊,所以在谈话内容上就要有一定的考究,大都以德行道艺、进言或阐明某种观点为话题。同时,谈话者的言行举止、交流态度,也会影响到谈话的质量高低。为此,古人对谈话的言行举止,甚至于姿态表情、视线高低,都有具体的规范和要求。

其一,视线有度。

士与卿大夫交流时,需“始视面”(《礼记·曲礼上》)。即说话前，要把视线落在对方的脸上，先观其颜，看看是否可以开始讲话了。同样，臣下与君上说话，虽说也需视面，但视线范围就不一样了，只需落在君上的衣领之处，这是古人敬君的常礼。发表完观点后，需“中视抱”。也就是将视线下移至卿大夫的胸部位置，待“容其思之”，给对方一个思考的时间，以示尊敬。最后，自己的想法与卿谈完后，需“卒视面，察其纳己言否”（《十三经注疏》）。再次将视线回到对方的脸上，观其颜，看看是否赞同自己刚才的观点。

当然，与长辈说话也应如此。比如，双方是站着交流，在倾听长辈说话时，视线应落在尊长的脚面上，以示恭听。如果双方是坐着的，晚辈的视线则要落在尊长的膝盖处，以示尊敬。有时，为了对长者表示敬意，眼神要专注于师长。“从长者而上丘陵，则必乡（向）长者所视。”（《礼记·曲礼上》）跟随长者，即使在长者身后，也要始终看着长者所视的方向。

其二，姿势端正。

在交流过程中，应该要礼貌地等上级、尊长先安坐后，下级、晚辈方可入座。不论谈话时间长短，身体都需端正庄重，神色要恭敬，不要挪来移去，来回变换姿势，更不能随意打断别人的讲话，以免对方误认为你不太想听。如果看到对方在交流了一段时间后，有打哈欠、伸懒腰或向他人询问时间等行为，这都表明对方想结束这次对话了，作为宾客理应告辞。

其三，话题合“礼”。

古代的社交场合，属士人之间的拜见最为频繁。面对不同的交流对象，话题上的选择也会不同。《仪礼·士相见礼》记述了士与他人谈话的礼仪规范。

“与君言，言使臣。”古礼要求，士与君主交谈，内容应该多涉及一些国家事务，多讨论如何任用臣属。“与大夫言，言事君。”士若要与卿大夫交谈，多谈一些如何侍奉君主的话题。“与老者言，言使弟子。”士与年老的长辈交谈，应该多谈一些教育弟子的内容。“与幼者言，言孝弟于父兄。”与年轻人交谈时，要多谈一些如何孝顺父亲、敬重兄长之类的内容。“与众言，言忠信慈祥。”与一般人交谈，话题多涉及如何以忠实诚信、慈爱安详来为人处世。“与居官者言，言忠信。”与士以下的官吏交谈，需多谈忠诚、守信、奉公的话题。

对于私人性拜访，就没有这么多的仪规束缚了。相互间的话题就会随意、宽泛一些。不过，宾客不要过于侃侃而谈，分寸感很重要。主人还没提新的话题，最好不要主动切换到新话题上来，做到“主人不问，客不先举”，也是为了不让主人觉得总是跟着你的话题走。

总之，谈话时要懂得分清场合，分清对象。古礼有云：“在官言官，在府言府，在库言库，在朝言朝。朝言不及犬马。”（《礼记·曲礼下》），在什么场合做什么事，说什么话，都要分清楚。在官场，应该多谈官场之事。在府中，就谈府中之事。在库中，多谈库中之事。在朝堂上，就多谈朝堂之事，不说和公务无关的事情。同样的道理也可以用在现代职场中，比如我们上班时间，就多做多谈和工作有关的事，忌讳私事公事不分，扎堆闲聊，东拉西扯，家长里短。《礼记·少仪》有曰：“不窥秘，不旁狎，不道旧故，不戏色。”在与旁人谈话中，既不要总是窥探对方的隐私，也不能相互取笑逗闹，总是絮叨以往的旧事，神情要庄重、严肃，不能对别人有嬉笑侮慢的神态。尤其是不要乱说话，勿轻言，勿轻诺，没有见到的事情不妄加判断，“奸巧语，秽污词，市井气，切戒之”（《弟子规》）。总之，言为心声，说话的基本之道：一是诚信，二是慎言。

其四，应对有礼。

说的是，问要依礼，答也要依礼，需“必慎唯诺”。这里的“唯”

与“诺”，是古语的象声词，都为应答之声。“诺”，一般是地位或辈分高的人，对下级或小辈的应答声。而“唯”，是地位或辈分低的人，对上级或辈分高的人的应答声。相比之下，“唯”声的敬重语气，要比“诺”多一些。所以，当尊长问话或呼唤自己名字时，小辈回答要及时，要使用“唯”来做应答。

跟不同身份的人说话，要注意不同礼节。与长辈交谈，声音不能太大，否则会让长辈心里觉得你有吼长者之嫌。但又不能声音过低，让长辈听起来费劲。对晚辈说话则要平易近人。

《礼记·少仪》曰：“言语之美，穆穆皇皇”，与人交谈，贵在态度恭敬，谦虚而温和，明尺度懂尊重。

◎ 为客之举

初次登门拜访，什么样的行为才算是做客之道？我们可以学学林黛玉，《红楼梦》里有一段描写黛玉进贾府吃第一顿饭时的情景。大家吃完饭后，丫鬟们奉上了茶，黛玉没有立马把茶喝下去，而是端着茶杯仔细观察了一下，只见有人又捧了漱盂来，黛玉这才明白了，这第一道茶水是饭后用来漱口的，漱完口才奉上第二道喝的茶。黛玉这一观察，实属聪明之举，不然就惹人笑话了。贾府礼仪繁多，黛玉不鲁莽行事，谨慎留心，时时在意，这正是做客之道。

第一，入门问讳。

去尊长家登门拜访，言谈举止都要有所约束，不可以像在自己家里那么随便。“入境而问禁，入国而问俗，入门而问讳。”（《礼记·曲礼上》）各家有各家的生活习惯。对于初次拜访者，最好事前做一点功课，了解一下受访者的习惯与爱好，以免失礼。

第二，客随主便。

到别人家里去，与主人关系再熟络，客也不能“喧宾夺主”，来个自来熟，毕竟不是在自己家里，比如，未经主人礼让，不要擅自进入主人的卧室、书房。不要随意碰触家里的工艺品，或主人的书、信件之类的物品。更不要在主人桌上乱翻、在床上乱躺。更不能轻易向主人提要求，以免主人为难。如果有宴饮，对坐席的选择，自己不能把握，最好的办法就是听从主人的安排。但也不能过于拘谨，过分克制，应该与主人有互动。如果太过于克制，对主人的热情无动于衷，那也是失礼的。落落大方，有礼有节，懂克制，有分寸，才是受欢迎的客人。

第三，“不度民械、不訾（zǐ）器。”

在别人家里，不能当着主人的面，随意猜测主人家里有多少钱财，有多少贵重物品。对主人的爱好，诸如收藏的字画等，不乱做不好的评价。

第四，“将上堂，声必扬。”

这是古人登堂之礼。如果准备上堂，要先发声，示意有人来，给他人一个提醒，以免突然进入而惊扰到他人。这就好比，不敲门就直接推门而入，这种习惯很可能会引起屋内的人不高兴。在今天的职场，尤其是进入领导办公室，需先敲门，得到允许后方可进入。即便门敞开着，也要在门边停留一下，轻轻敲敲门，或者知会一声，以示提醒，再进入。

第五，“将入户，视必下。”

这是古人入室之礼，孔颖达疏：“虽闻言而入亦不得举目而视，恐睹人之私，故必下。”因为户内就是室，属私人居所。作为客人，一般不能轻易进入主人家的室内。即使得到允许，进入时视线也需低垂一些。不能一进去就东张西望，四处环顾，毕竟室内是较为隐私的地方。

第六，“户外有二屦，言闻则入，言不闻则不入。”

古人入室，要把鞋脱在室门外。其中年龄最长者，鞋可以脱在室内。因此，作为客人，如果看到“户外有二屦”，也就是室门外如果有两双鞋，则可以断定，室内一定有三人。既然有三人，在室外还听不见里面说话的声音，必有密谋之事，最好先不要进入。若有事非进不可，要打招呼让主人知道你来了，否则不可贸然直入。

第七，“户开亦开，户阖亦阖。”

从户门进入室内时，不要回头探看。脱好鞋，放置好，再恭敬入室。如果门原先是敞开着的，那就仍然给人家开着。门原先是关上的，进去后则仍然给人家把门关上。关门的时候小心谨慎些，慢慢地关上，以免碰到从后面突然进来的其他人。

◎ 辞别礼节

古人的辞别礼节，仍旧适用于今日，是为客之行为准则。

一般礼节性拜访，作为客人一方，要注意时间，不宜过久，双方尽兴即可，以免打扰到主人。

首先，懂得适时告辞。

什么时候告辞才是最合适的呢？一般拜访的时间不宜过久。如果后续还有宴请的话，饭后，客人不应立即告辞，应该继续与主人再喝喝茶，叙会儿话，之后再起身告辞。交流过程中，如果看到主人打哈欠、伸懒腰了，意味着有疲倦之意，客人应告辞离开。如果主人想要结束谈话，而客人又没有察觉到，怎么办呢？古人会用一些暗示的方式，催客人离开。比如，最典型的就是“端茶送客”。古人一般都十分文雅有礼，提醒客人该离开了，一般不直接说出来，以免双方都尴尬。主人会端起茶杯喝口茶，这时，客人就心领神会了。

其次，辞行要果断。

常有客人，嘴里说着要告辞了，身体却总是不动，弄得主人也不好起身，只好继续相陪。如果客人决定要告辞了，就要先起身，对主人要表示感谢，同时用邀请主人下次去家里做客之类的话语作叙别。若有其他客人也在场，也应一并道别。话别时间要简短，不可太冗长。最后，客出，主人送于门外，再相互拜别。

从拜见礼的仪程来看，的确有些程序与今人的生活有些格格不入。但古人那种谦恭待人、友好和善的思想风貌，是今人应该承袭的。

待客礼

迎送酬客，有礼数

有朋自远方来，不亦乐乎。
——《论语·学而》

礼宾好客，一直是中华民族的优良传统，“有朋自远方来，不亦乐乎”，在古代若有宾朋好友临门，从迎宾入门，寒暄致敬，到献茶叙语、宴请款待，最后依依惜别，一系列的迎来送往，礼宾待客的用礼施礼，时时体现着古人质朴淳厚、热情好客的礼宾之道。

◎ 迎宾礼节

贵客到来之前，洁净是主人家里一定要做的准备。洒扫门庭，擦洗干净饮食器具，以及主人和家眷穿戴整齐，备好荼点，恭候客人的光临，这是礼貌之举。

第一，迎宾方式。

“迎新千里远，送故不出门。”古人对于远道而来的贵客，或久别重逢，或特邀的宾客来临，主人必先候于大门外，亲自迎接，甚至还要远迎。如果来客的身份与主人的身份悬殊较大，作为尊者的

上图◎东汉石墓门雕像拥彗之礼・四川博物馆藏

主人，在中堂迎候，也可以下堂降阶，到庭中相迎。如果来客是主人十分看重的晚辈，作为长辈的主人，也可以出门亲迎。一般有客临门，古人都十分有礼貌，只要一听客人即将到来，都会快步出门迎接。古代还有一种特殊迎接，如果遇到国君对主人进行赏赐，或封官进爵等，会差遣专人到家里来诰书，此人称为“天使”。“天使”临门，尊贵之至，主人就得携家人，衣冠整齐，庄严肃穆，在大门外跪迎了。下面简单介绍几种古代迎宾方式：

第一，拥彗之礼。“拥”有别于“拿”，含有珍惜之意在里面。而“彗”，就是扫把。在迎接贵宾时，主人自己或者叫家里的仆人，双手拿着扫帚，并倒置过来，恭敬地站在大门一侧，迎候贵客的到来，以示扫径待客。拥彗礼，用在今天肯定是不可取的。但古人这份对客人的恭敬，使得“拥彗迎门”成为了今天迎宾的礼敬词汇。

第二种，郊迎之礼。“郊迎”比“拥彗”规格更高。主人为了表达对宾客的热情和尊敬，特意前往郊外迎接，所以称之为“郊迎”。这就好比我们今天特意驱车去火车站、机场，甚至更远的地方，迎接远道而来的客人一样。距离远近，有时候也是一种热情好客的表达。

上图◎《东平汉墓壁画》山东后屯出土

第三种，倒屐之礼。常作“倒履相迎”，应该说成是一种急于迎接宾客到来的状态描述，更为贴切些。出自《三国志·魏书·王粲传》，说的是东汉时期的大文学家蔡邕，才学显著，且位高权重，常宾客满朋。一天，蔡邕正在睡午觉，听说好友王粲在门外求见，便迅速起身，匆忙穿上鞋就往门外跑去迎接，鞋子穿倒了也不知道，此后“倒履相迎”便成了真诚而热情的迎宾成语。

第二，行礼寒暄。

宾客到来之际，主人要主动上前寒暄，行礼致敬，这是平常的行礼顺序。依照古礼，《礼记·曲礼下》有述：“主人敬客则先拜客，客敬主人则先拜主人。”主宾之间，如果是第一次相见或久别重逢，即使有长幼尊卑之别，主人也得主动向宾客先行礼。如果关系熟悉，那么就依礼行事，按辈分高低来定行礼顺序，基本上都是下对上、幼对长、卑对尊，先行礼，而后尊者作答拜还礼。如果属久别重逢，作为晚辈甚至可以向尊长先行四拜礼，而尊者行揖礼答拜。

除了行礼之外，主人要说一些诸如“欢迎大驾光临”“已恭候多时”等欢迎语。万一主人来不及亲自远迎，要向客人说“有失远迎”，以示歉意。如果主宾之间是头一次见面，就说“久仰大名”“传闻不如请见”。如果是许久未见的好友，就说“别来无恙”“久违久违”等词语来表达想念之情。

第三，迎宾入门。

寒暄行礼完毕，主人要主动揖请宾客入内，需行“三揖”礼，而宾要行“三让”礼。《礼记·曲礼上》详述了入门登阶的具体仪规：

首先，主人行揖礼，邀请宾入门，宾答拜礼让后，主人先从门的右侧（东边）进入，宾则从门的左侧（西边）进入。入门后，主人与宾客，双方立于门内，主人需再次行揖礼让，宾辞让。经过庭院中间时，主人第三次向宾边请边揖礼，以示恭敬。总之，主人迎宾入门，将右转，互揖；将北转，互揖；及庭中碑处，互揖。主宾之间要反复相互礼让三次，才算不失礼。

第四，登阶礼节。

双方过庭后，来到阶前。登阶也有礼。

主与宾登阶，各有方位。我们在“宫室建构”这一节里提到过，一般贵族居所，堂前会有东、西两组台阶。西阶，专供客人登堂所用。而主人，则从东阶上。

主宾登阶前，主人立东阶，脸向着西，以示自谦。而宾客脸向着东，双方再次拱手礼让后，主人先登上东阶，宾跟着登西阶。主人登东阶时，先上右脚。客人登西阶时，则先上左脚。登阶步法，需“拾级聚足”而上，也就是，前足上一级，后足再与之并齐，上一级并一次脚，一脚随着一脚而上，不能一足越一级。关于这种走法，在前面已经详细介绍过了，在这里就不再复述。

第五，请宾入席。

主人揖请宾客上座，也有讲究。宾入座时，有时候主人会拂拭一下宾的坐席，做一个掸灰尘的动作，古时称为“蔽席”之礼。客人的席位未必有灰，只是通过蔽席这个动作，向宾表达一种恭敬之情而已。当主人跪地为客整理坐席时，此时，客人也应跪地按住坐席婉言推辞，表示感谢。如果有多位来宾，主人就不需要一一礼请，只需向众宾礼貌地说“各位请坐，不必辞让”等礼节性话语，引导入座即可。

至于宾的席位，要根据各自的身份、地位高低来定。如果在堂上待客，通常情况下宾西主东，相对而坐。如果有多位客人，主人和主宾居中而坐，即坐北面南。主宾居左，以示首位，主人居右。其他余宾，则按尊卑长幼次序，分坐两旁，左为东，右为西，按“东高西低”的原则就座。

若在室内待客，以朝门的位置为首席，通常“坐西面东”是尊位，正宾坐此位，主人在宾的左侧坐下。

◎ 待客礼节

《礼记·曲礼上》曰：“夫礼者，自卑而尊人。”不论与客人的关系远近，进门都是客，需时时致敬，处处礼让，才是最好的待客之道。古代也有许多名人在待客方面失礼的例子，刘邦就是其中一位。

刘邦是一个性格大度、豪放之人，但对不喜欢的人常常也会耍点江湖气。刘邦从年轻时就不太喜欢儒生。有一位叫郦食其的人，是个文人。一次，郦食其去拜见刘邦。一进门，就看到刘邦正伸着两腿，让两个侍女伺候着洗脚呢，还一人一只。刘邦见郦食其进来，也毫不在意，照洗不误。郦食其呢，也很有个性，只是作了个长揖，就是不下拜，然后不紧不慢地问刘邦：“您是要帮秦国攻打诸侯呢？还是率诸侯灭掉秦？”刘邦一听，骂道：“你个奴才相的儒生！天下的人同受秦的苦，你怎么能说助秦攻打诸侯呢？”郦食其便说：“既然您决心要团结民众，一起推翻秦国，那就不应该用这种傲慢无礼的态度，来接见长者！”刘邦一看此人言语间透着不凡，不生气反而高兴，连忙站起来，擦干脚，穿好衣服，向郦食其鞠躬道歉，并且揖请其上坐。

待客有道

其实我们知道，不是刘邦不知待客之礼，只是故意而为之罢了，不过，好在他最后还是纠正错误了。在古代，上至王公贵族，下至平民百姓，人们对这样的拜来拜去乐此不疲，即使有众宾到来，也不会顾此失彼。因为只有这样，才可以表达出对对方的尊重。有时候家里的孩子，也要主动出来打招呼。如果允许待在客厅，孩子们从小就知道，要静静地陪侍在长辈身旁，不要随意打扰大人们的谈话。作为主人呢，有客人到来，有几个细节不能忽视，比如在宾客面前，不可以随意批评孩子，或者对着自家的狗呵斥，古礼说"尊客之前，不斥狗"，因为那样做，会让宾客产生误解主人不欢迎对方的到来才指桑骂槐，属不尊重之举。

敬茶之礼

宾客到访，无论主宾之间亲疏远近、熟悉陌生，为了表示欢迎，必先奉茶一杯，这是我国千百年来常有的习俗，是待客最基本的礼节。

为宾客献茶，古时家里如果有仆人，就由仆人冲泡好后，直接奉上。普通人家里，则由主人亲自为宾客沏茶。沏茶前，尽管面前的茶具很干净，当着宾客的面也需再次清洗一次，然后用巾帕，把茶具外围擦拭干净。放置茶盖儿时，一定要倒着放置，以免盖儿口弄脏，这些细节，古人考虑得都十分周全。

给宾斟茶，古礼要求忌满杯。一来，茶水是热的，满杯溢出容易烫着客人。二来，自古就有“茶满欺人”这样的说法，有嫌弃宾客或有逐客之嫌。但凡真心待客的人，绝不会端上一满杯茶来献给宾客。有礼斟茶，只需茶杯的三分之二处，也就是“八分满”最合适。

古人对冲泡茶叶的水也有讲究。冲茶之水，温度要适度。不能用不开的水冲泡，因为茶叶有可能会浮在杯面上，这是不礼貌的。而且，如果要给多位宾客敬茶，献上的每一杯，茶汤的颜色要均匀，不可以一杯浓一杯浅，以免有区别对待之嫌。

为宾奉茶，一般不用手直接捧着茶杯给宾客，需要用茶盘把茶杯端出来。左手捧着茶盘底部，右手扶着茶盘的边缘，“奉者当心”，把茶盘端举到胸口的高度，以表达敬意。现在接待宾客时，大多数人习惯用手直接拿着茶杯，递到宾客手里，这样既不卫生也不方便宾客接拿。倒是现在的韩国和日本，端茶盘奉茶符合我国的古礼。不过，主人为自己奉茶，作为宾客不能无动于衷，需要微微欠身致谢。即便是家里其他人过来奉茶，别忘了也要致谢。

我们中国人的饮茶文化，与西方人喝咖啡一样，有时候仅仅只是为了叙话，而非专门喝茶喝咖啡。所以，双方要随着交谈的节奏，慢慢饮。忌讳喝茶一饮而尽，也不可以喝出声音来。如果茶水较烫，就先放置一会儿再喝，忌讳用嘴去吹茶水。古人喝茶时，一般左手托住茶杯，右手微扶着杯身，用宽大的袖子遮挡住喝茶，就像我们今天当众用牙签剔牙须用手遮挡一样，对他人是一种尊敬。作为宾客，如果想继续喝茶，那么茶杯中应留些茶水，这样主人见到了就会给宾客迅速续上茶，但绝不可把茶水喝个底儿朝天。

古时，主人续水也有讲究。第一，不能让宾客的茶杯“见底”。一般见到宾客喝了几口茶水，主人就会再续上一点茶水，绝不要等到宾客的茶杯见底儿了再续水斟茶，这是极为失礼的。第二，不能过度殷勤，没完没了地斟茶续水。古礼讲究茶水“续不过三”。什么意思呢？为宾客斟茶续水，古人一般不会超过三次，否则有逐客之嫌。宾客刚入座，主人上第一道茶，茶味刚散开，还比较淡，宾客只是微尝。主客之间开始彼此聊天谈话。当主人为宾客续上第二道茶时，茶香才慢慢开始散发，而主宾之间的交谈也到了深入阶段。为宾客斟上第三道茶时，交谈应该接近尾声了。

◎ 送客礼节

《清史稿·志·卷六十》中有一段待客仪程的描述："饮茶、语毕，宾退，揖，及阶、及门，揖，辞，主人皆答揖。送大门外，揖如初。"这段文字简洁清晰地描述了古人待客的全过程，既然有欢迎之仪，就有欢送之礼。

一般当宾客准备辞别之际，主人会予以挽留，这种习惯保留至今。如果宾客执意要走，那也得等到宾客先起身后，主人再站起来相送。在亲切道别的时候，还要邀请宾客有时间再来。而宾客呢，则会说些诸如"请别为我起身，否则不敢告辞"之类的歉让语。如果宾客比主人的身份要低，话别一番后，作为尊者的主人，送宾客到庭中或门口就可以。这时，宾客一定要再次请主人留步，并再次辞谢。

对于贵客、尊长或不常来的宾客，一般主人都是要恭送至大门外的，甚至对某些贵客，家里的内眷也需侍立庭院来送别。作为主人，不管宾客是乘车马还是步行，都要目送一段，再回屋。宾客刚转身准备离去，主人就马上回屋，属失礼之举。而宾客，走上几步路之后，也需要再回头看看，如果主人还在门口相送，则需要挥手示意，请主人回去。

如果是常客，宾主相互间就无需这么多“你来我往”的礼节了。行礼谈话都较为随意。想来就来，想告辞，随时都可以离开，留下来吃个饭，请随意。等到告辞时，主人送出大门，相互道别一声就可以了。

以上的待客之礼，只是古人待客礼节的一个缩影。历朝各代都有自己独特的方式。比如，南北朝时期，南与北之间，迎送宾客的形式和拜礼方式就不一样。颜之推在《颜氏家训·风操》中就提到过这种风俗差异：“南人宾至不迎，相见捧手而不揖，送客下席而已；北人迎送并至门，相见则揖，皆古之道也，吾善其迎揖。”他说，南方人，不时兴到门外迎接客人，见面时只是拱手，而不弯腰作揖，送客也仅起身离席而已。而北方人迎送客人时，都要走到门口，相见时躬身为礼，这些都是古代的遗风，颜之推很赞许这样的待客之道。话虽如此，不管哪种待客方式，自古至今，中国人一直传承着古代的待客之礼，从来就不缺那份周到和体贴。

古代话别语

古人送别的时候，不同的情景有不同的话别语，以表示彼此间的敬重和依依不舍的情感，比如：分手辞行，称『告别』；拱手辞行，称『揖别』；亲吻离去，称『吻别』；设宴送行，称『饯别』；临别赠送，称『赠别』；前往送行，称『送别』；不愿分别，称『惜别』；永远分别，称『永别』；握手告辞，称『握别』；挥手告别，称『挥别』；叩拜辞行，称『拜别』；致谢告辞，称『谢别』；离别留言，称『留别』；丢开离去，称『抛别』；长久分别，称『阔别』。可见我国古代人使用话别词语，它的含义和礼仪文化氛围有多美。

肆

饮食礼仪篇

宾之初筵，温温其恭

进食礼

谦卑儒雅，规范多

夫礼之初，始诸饮食。

——《礼记·礼运》

中国人对待吃，那可是世界闻名的。《礼记·礼运》云：“夫礼之初，始诸饮食”，“食”是头等大事。古人云：“民以食为天。”自古至今，从治国到养生，我国大部分的文化内容，都是围绕着“吃”而形成展开的。中国人不仅讲究吃，还讲究吃的艺术， 有时候面对一桌筵席，不仅吃得要有滋味，还要吃得有兴致、有水平、有修养，正所谓“食不厌精，脍不厌细”。

进餐原本是日常生活中最平凡的事情，但有时候却是一个人全部品质、修养的镜子，它能够把这个人的内涵深度折射得一览无余。所以，最早从周公制礼开始，古人对饮食就有许多礼仪规矩，比如从进餐仪节、饮食器具，到待宾程序、座次排序，甚至特定用语，都有严格的礼制规矩。

◎ 饮食器具

现代人的厨房里，锅碗盘瓢、杯碟刀叉筷等，可谓是中西合

右图◎ 豆·商周

左图◎ 青铜簋·西周·中国国家博物馆藏

璧，各式各样。我国古代的饮食器具，更是名目繁多，不胜枚举。据史料记载，算下来也有成百上千种。下面就取几种有代表性的，简单介绍一下。

先说说食器。

食器，即吃饭时使用的器具。古人常用来盛饭、盛食物的用具，叫甗（yǎn）。它一次可以盛放较多的食物。还有一种，是用竹或苇编制的，叫箪，《论语·雍也》里那句："一箪食，一瓢饮，在陋巷，人不堪其忧，回也不改其乐。"描写的是颜回简陋清淡的生活。这里说的箪，也常用于盛饭，只不过贫困百姓用的居多。

吃饭的时候，人们用一种较小的食器，叫簋（guǐ）或簠（fǔ），把食物从甗里盛到簋或簠里吃，相当于我们今天把米饭从饭锅盛到碗里。其中，簋为圆形，簠为方形，功能像今天用的小碗和大碗。还有一种食器，叫豆，形状类似于今天的高脚盘，最初仅用于祭祀，后来在日常也可使用。豆专门用来放肉酱、调味品、腌菜之类的食物。此外，还有盛稀的、湿的食品的笾，盛酒水用的盂，以及盛放一般食物的盆等。

食物做好后，从厨房端出来，各种食器也都会放在案上，然后再摆上席。案，是一种有四个矮脚的托盘，形状有长方形也有圆形，在前面“坐容”一节里面也提到过。《后汉书·梁鸿传》载：“每归，妻为具食，不敢于鸿前仰视，举案齐眉。”说的就是这种案，既轻巧还实用。吃饭前，孟光举着这种小案，给自己丈夫梁鸿献食。“举案齐眉”就是由此而来的，以示夫妇相敬相爱。

古人吃肉时，吃法和现在不一样。那时的肉，一般都是一大块放在鼎里先煮熟。要吃肉的时候，就用一种叫匕的器具，把肉从鼎里取出，然后放置在俎（zǔ）上，用刀将肉切割下来吃。什么是匕？是一种长柄的汤勺，兼有切割和挑取食物的功能，古时用棘木、桑木或青铜制作而成。在周代，还根据用途细分出了饭匕、挑匕、牲匕、蔬匕等。而夹食物的器具，叫箸或筷，这和我们今天的叫法差不多。何为俎？俎的形状就像今天两端有足支地的一块长方形砧板。《史记·项羽本纪》中樊哙那句“人为刀俎，我为鱼肉”，从另一个侧面也反映了当时吃肉的情景。

根据主人身份、地位以及经济条件的不同，其食器使用的材质也不同。贵族的食器多用青铜制成，包括使用的箸，也就是今天说的筷子，一般用金、银或象牙等制成，而平民的箸则多用竹制成，差别比较大。

上图◎西周青铜鼎·中国国家博物馆藏

其次，说一说炊具。

古人常用的炊具，有鼎、镬（huò）、鬲（lì）、甑（zèng）、甗等。我们择其中几种，作为常识，简单了解一下。

鼎：最初的鼎就是用来煮肉的。当时人们吃肉食，并不像后世那样先在厨房切成小块，然后再端出来。那时候非常简单，把整个牲解成几大块放进鼎里，鼎下面烧大火煮就行了。今天在我国个别地区仍有这样的习俗，每到过年也会宰杀羊或猪，解成几大块。然后在室外支上一口大锅，把肉放进去，下面烧大火煮。古代一般的鼎都比较大，有一个圆圆的肚子，鼎口两侧有两耳，可能是为了人们穿木杠方便抬起吧。鼎的底部有三足，放置的时候很稳当，“三足鼎立”之说，也就是从这里来的。

后来的鼎慢慢发生了变化，由最初的炊具演变为祭祀的礼器。不仅用于宴会场合，还常用于统治阶层的祭祀仪式中，作为礼器代表具有“别上下，明贵贱”的政治功能。[注11]在整个夏商周三代，列鼎制度是有严格区分的，比如天子可以用九鼎，诸侯七鼎，大夫五鼎，士三鼎。上面讲到的簋，如果与鼎一起使用时，一般九鼎配八簋，七鼎配六簋，五鼎配四簋，三鼎配二簋。贵族们“钟鸣鼎食”

【注11】李瑞兰主编：《中国社会通史·先秦卷》，山西教育出版社1996年版，第259页。

上图◎
鬲·商周·中国国家博物馆

下图◎
甑·战国·中国国家博物馆藏

的这种盛况，与贫苦百姓“箪食瓢饮”的清贫简陋，形成了鲜明的对比。鼎，在奴隶社会时期，是作为一种礼器的象征，到了封建社会，又回归到了最初作为炊具的功能。今天，鼎在我们生活中并不常见，一般只在祭祖仪式，或在佛堂里，才能见到鼎的身影。

镬：形状、功能与鼎一样，只是没有三足而已，也是用来烧煮食物的。据资料记载，历史上有些残暴的帝王，竟将它用于烹刑，把活人投入镬中烹煮，极为残忍。

鬲： 是煮粥用的。 形状、功能与鼎相似，有三足，但足是空心的，与圆圆的腹部相通。不仅放置稳当，还可以在下面生火煮粥，而且足中的水可以提升加热的速度。

甑：是蒸饭用的。类似于今天的笼屉，盆状，平底，底部有孔以通气，很像现在的箅子。米放在甑中，甑放在鬲上，鬲中放水，就可以蒸米饭了。上下两套，就组成甗。

甗：相当于我们现在的蒸锅。其实就是甑与鬲的一套组合，间隔着一个箅子，箅上有通气孔，在鬲底部加火，即可蒸食。甗主要流行于商至战国，这一器皿的发明，可谓是开了后代各式各样蒸笼蒸屉的先河。

古代的饮食器具，与今天有很大的区别。无论是器具的名称、功能、还是材质都不一样。主人身份不同，器具材质也不同，贵族们多用青铜，而贫困平民以陶器为主，有着明显的等级差异。

上图◎青铜爵·西周·中国国家博物馆藏

最后说说酒器。

我国古代的酒器，包括爵、觥（gōng）、尊、杯、壶、觯（zhì）、罍（léi）等。

爵：是古代饮酒器的通称。盛行于商、周两代，造型有三只高足，前面的爵口有槽形，叫“流”，后面造型像尾状，形象就像一只昂首翘尾的雀。爵在西周是最早的青铜礼器，只有地位较高的人才会用到，《礼记·礼器》中有讲到，古代礼器也有“以小为贵”的礼制讲究，比如“宗庙之祭，贵者献以爵，贱者献以散”，小小的爵，在当时作为礼器，是一种尊贵的象征。

觥：是一种用兕（sì）牛角雕刻成的酒具，在周代就有使用。一端刻上龙头形状或其他兽头，底部没有足，在《三礼图》中解释为“觥大七升，以兕角为之”。也因为其稀少而变得珍贵，“觥筹交错”一词就有形容宴饮盛况的意思。

尊：商周时期用的比较多，以青铜制作而成，造型高足、收颈腹鼓，有方口，也有圆口。主要用于盛酒，相当于今天说的酒坛，古人常在祭祀、宾客之礼上，用尊置酒，以待酌者。

杯：从古至今，杯一直在沿用，对今天的我们来说，再熟悉不过了。杯的形状有许多种，有方有圆，有花纹有鸟兽，有陶杯铜杯瓷杯，也有金银玉玛瑙等。杯在古代可以用来饮酒，也可以盛羹。在《史记·项羽本纪》中有一句话："必欲烹而翁，幸分我一杯羹。"刘邦对项羽说的这句"经典名言"，你我曾拜为兄弟，我父亲就是你父亲，你若硬要烹了他老人家，别忘了也分我一杯汤羹！可见在古代，一杯也能多用。

◎ 饮食方式

分餐制

两周时期，古人实行的是分餐制。一开始，因为古代没有桌子，大家都坐在筵席上，筵长在下，席短铺在上，进食的时候，食物直接放在筵席之间的位置上。到了战国时期，案开始兴起，一些官僚富族人家吃饭的时候，每个人的筵席边上会加上一张低矮的食案，把食物和酒馔直接摆放在上面，人各一份，凭案而食，各吃各的，互不干扰。这种把酒菜放在案上，比直接放在筵席上，既便捷又卫生。不过，那时的食案也只是提供给家里的尊长使用，其他一般家庭成员也不能加案。

合食制

到了隋唐五代，随着高足坐具的传入，筵席（或坐榻）逐渐改为高腿坐具。席地而坐的就餐习俗，也悄悄地发生着变革。古人觉得分餐制已经不适应高足坐的生活方式，直到八仙桌的出现，围桌合食就餐就成了习俗。此后，席地而坐的“分餐制”，转而变成了高凳或高椅大桌的“合食制”。人们围坐吃饭，相互交流起来更方便，气氛也比较热闹。有些富人家里，把所有的菜品改由专人提前在厨房切好、摆好盘，再用托盘端上桌，进而实行合食。

◎ 饮食时间

我们现在的生活，一日三餐是就餐标准。那么，古人一天要吃几顿饭呢？

先秦时期古人的饮食，一日两餐是标准餐。上午一顿，下午一顿。如果遇到灾荒之年，贫困人家也许就一顿，也许食不果腹，好几天吃不上饭的也有。第一餐，在上午九点左右吃，叫朝食，又叫饔（yōng）。当太阳行至东南角的时候，属隅中，朝食就在隅中之前吃。第二顿饭，下午四点左右，也就是在申时吃，叫餔（bū）食，

上图◎宋·赵佶《文会图》（局部）

又叫飧（sūn）。

一日两餐制到了汉代开始有了一些变化。随着生活水平的不断提高，食物也不再匮乏，人们的活动量也增多，到了中午还是会容易饿，于是在那些王侯士大夫家里，偶尔在中午时段，加餐一顿小点心也是常事，但不算正餐。对于贫苦百姓来说，饿归饿，仍旧保持着一日两餐的习惯。到了唐代，一日三餐便开始成为常态。宋代普通百姓也是一日三餐，甚至到了晚上，有些人还会像今人一样，再加一顿宵夜，也是有可能的。到了明代，许多地方也都一直保持着一日三餐。不过到了清代，除了汉人，满族人仍然保持一日两餐的习惯。就连宫里的皇帝，每天的进膳也是一天只吃两餐。早上六七点钟属早餐时间，下午一两点钟属晚餐时间。不过，皇帝到了晚上六七点钟，还会吃些小吃，称为“晚点”。皇帝的晚点不算正餐，吃得也比较简单。

◎ 荐食之礼

“饮食男女，人之大欲存焉。”古人为了让人们“知自别于禽兽”，摆脱和远离动物的吃相，首先在食礼上，就制定了许多规矩礼仪，比如食物的材料、食器的摆设、端菜执物的姿势，甚至菜肴的摆放位置，都有严格的规定。

手持食器

菜肴做好，端上席间时，手持食器，首先要注意个人卫生。古礼规定：“洗盥、执食饮者，勿气。有问焉，则辟咡而对。”（《礼记·少仪》）当手里端拿着食物的时候，要屏住呼吸，不能对着食物和宾客大口喘气。中途如果有人问话，需要回答，一定要侧转头，朝向宾客的口、耳之间的位置说话。其次，“凡齐，执之以右，居之以左”。凡是用调料调制的羹类菜肴，端菜时要用右手拿住器皿，同时用左手托捧，以保持平稳，避免汤汁外溢、洒溅出来。

进食卫生

自古以来，人们就非常注重饮食与卫生、饮食与健康的关系，古人还形成了一套非常进步的饮食观。比如《论语·乡党》中，孔子就曾说过“食不厌精，脍不厌细”的饮食要求。春秋时期，要求食物制作得精细是很难的，而孔子平时对饮食并不讲究，并且提倡君子食无求饱，吃够就行，不要过量，不要吃撑了。但是孔子要求在祭祀祖先、祭祀宗庙的时候，所用的食物需“食不厌精，脍不厌细”，在用料和加工方面都要特别讲究洁净、精细，因为只有这样，才能到达尽“仁”尽“礼”的意愿，其文如下：

> 食不厌精，脍不厌细。食殪（yì）而餲（ài），鱼馁而肉败，不食；色恶，不食；臭恶，不食；失饪，不食；不时，不食；割不正，不食；不得其酱，不食。肉虽多，不使胜食气。唯酒无量，不及乱。沽酒市脯，不食。不撤姜食，不多食……祭肉不出三日；出三日，不食之矣。

以上说的是祭祀时所用的食物要求，但孔子所主张的十多个“不食”，大部分依旧是今天的人们应该遵循的饮食基本原则。第一，腐败变质、味道变得难闻的食物不要吃，如“食殪（yì）而餲（ài）”，饭放置久了而变质变味，鱼腐烂为“馁”，肉腐为“败”，这些对人体危害极大，有的甚至危及生命。第二，“失饪（rèn），不食”，烹调不当，没煮熟的食物不吃。第三，不干净的食物不吃，如“沽酒市脯不食”，街上买来的一些散装食品和饮料，有的可能不洁净，不能随便吃。第四，“肉虽多，不使胜食气”，饮食要以五谷为主，肉类不宜过多吃，也就是我们现在常提倡的多吃菜少吃肉，强调要少食，反对贪食。两千多年前的孔子就提出了这么多不符合饮食卫生标准而“不食”的主张，是难能可贵的。另外，他还提到了喝酒的问题。孔子曾说“不为酒困”，喝酒可以不在意酒量，但不能喝到烂醉的程度。因为有不少人喝酒没有节制，以至于醉酒误事。另外，古人也提倡“凡食齐视春时，羹齐视夏时，酱齐视秋时，饮齐视冬时。凡和，春多酸，夏多苦，秋多辛，冬多咸”。进食应该像一年四季的温度那样，食物应像春天那样以温为主，调制的羹汤应像夏天那样以热为主，酱类食物应像秋天那样以凉为主，而饮料应像冬天那样以寒为主。一年四季中调制出的食物，春天应多食一些酸味，夏天应多食一些苦味，秋天应多食一些辛味，冬天应多食一些咸味。“民以食为天”，古人对食物的理解与感受，可见一斑！

荐食顺序

两周时期，人们虽然吃的食物很简单，也没几样菜肴器皿，但上菜是有要求和顺序的，装有酱的豆，先进献。其次，进献放有鱼肉的俎。然后，进献盛有黍稷的簋。再上盛有羹汤的铏。最后进献酒。仔细归纳一下，整体上菜顺序为：酱（菜、肉）→鱼、肉→黍稷（黍：黄米；稷：小米）→羹汤→酒。后世的传统上菜顺序，基本上是按照菜的口味，由重到轻的顺序进献。一般先咸再淡，先浓后薄。没有汤汁儿的先上，有汤的后上，辛辣的菜，在宴席进行到一半的时候再端上桌。因为辣味可以刺激宾客的味觉，起到开胃的作用。同样，带有酸甜口味的菜，在饮酒到七八分的时候上。因为酒过三巡，脾胃疲劳，酸甜味道对胃能起到缓解作用。当然，上菜太快或太慢，都会被认为是对客人的不敬。

食物摆放

食礼要求，摆放菜肴的器皿要规整、有序。食案上的食物，如果杂乱错放，没个次序，首先对食物不敬，其次对食客也不敬，面对乱糟糟的食物，哪还有什么好心情吃饭呢？所以，摆放菜肴的位置很考究。第一，要以尊长、贵宾的坐席为标准摆放。另外，还要考虑到食客能否方便拿取。《礼记·曲礼上》载：“凡进食之礼，左殽（yáo，同肴）右胾（zì），食居人之左，羹居人之右。脍炙处外，醯（xī）酱处内，葱渫（xiè）处末，酒、浆处右。以脯（fǔ）、脩（xiū）置者，左朐（qú）右末。”

整体菜肴的摆放方式为：

为了食客进食，左右手方便拿取，经常会把没带骨的烧肉（用豆盛放）、羹汤、醯酱等，放在食客右手边。而带骨的大块儿熟肉（用俎盛放）、生鱼片、葱、饭等这些次食，放在左手边。细切的鱼肉和烤肉放在外侧。肉酱和醋酱放在内侧。葱放在末端。酒浆放在右边。另外，如果有脯、脩之类的干肉，放在客人的最右边，还得把它们弯曲的部分朝左。

对于食物“左右”的放置，据说与阴阳有关。古人认为，骨为阳，置于左，而肉食为阴，则需置右。饭燥为阳，置于左，羹汤湿为阴，故置于右。不过，对于这种说法，我觉得不用深入探究，稍作了解即可。

食礼对献鱼有讲究。向宾客献鱼的时候，古礼有“干鱼献头，濡鱼献尾”的说法。进献干鱼时，鱼头要朝向宾客一方。如果进献的是鲜鱼，则鱼尾朝宾客。有何用意呢？在古代，烹饪鱼的做法，大体分为干鱼（熏、腌鱼）和濡鱼（鲜鱼）两类。干鱼的鱼骨，一般都是向后倾斜的，在制作过程中，鱼肉的纹理已经被破坏掉了，鱼肉会紧贴在鱼骨上。如果鱼头朝后，客人夹取时不容易把鱼肉从鱼骨上剔除下来。所以，反过来，鱼头对着客人，逆向取鱼肉则容易得多。

至于鲜鱼，也有不同的摆法。古人认为，不同的季节，鱼的肉质也会有差异。冬天阳气下沉，鱼肉会向内收，所以冬季里的鱼，腹部的肉质最肥最嫩。而夏季，阳气上升，鱼肉则会向外张，所以夏季的鱼，背上的肉最为肥美。故《礼记·少仪》说："羞濡鱼者进尾，冬右腴，夏右鳍。"冬季献鲜鱼时，要把鱼肚朝向客人的右边放置；夏季的鲜鱼，要把鱼脊对着客人的右边放置，以便于客人品尝夹取。

古人还习惯把鲜鱼的鱼肉做成脍，也就是现在的生鱼片。古人吃生鱼片，需要用酱来搭配。所以进献生鱼片时，一定要同时进献上芥酱。古礼对生鱼片的蘸料，有"脍，春用葱，秋用芥"（《礼记·内则》）的讲究，春季吃生鱼片，蘸料用葱。秋季吃生鱼片，用芥酱。相比现代人的吃法，古人更为考究！

另外，对整只鸡鸭的进献，古有"鸡不献头，鸭不献掌"的说法，把鸡鸭身上最肥嫩、最好吃的部位，朝向客人，以方便取食。

菜肴数量

《周礼·公食大夫礼》中说，周天子的一顿便宴，还不是盛宴，就有以下规定:“六食六饮六膳，百馐百酱八珍之齐。”而大夫宴请时，“八豆八簋六铏九俎”。可以看出，古代上层人士点菜的数量，也都有严格的等级、身份差异。同时，所享用的食物也有不同的规定。《礼记·礼器》记载：“天子之豆二十有六，诸公十有六，诸侯十有二，上大夫八，下大夫六。”豆，刚才也了解过了，是专门放肉酱、调味品、腌菜之类的食物。古代天子盛馔吃饭时，要设二十六豆。诸侯设十六豆。卿大夫八豆，下大夫六豆。至于普通百姓，没有这么多讲究，随意即可！

今人宴请宾朋好友，也会有这样那样的禁忌。比如“菜不摆三，筷不成五，席不成六”。“菜不摆三”，说的是席面上不能只摆三盘菜。如果请朋友吃饭，桌上只摆三盘菜，看起来显得小气了些，应该多准备几道菜，其实，这都是现代人好面子产生的禁忌。另一方面，“三”有“散”的谐音，有离别、不欢而散的寓意，中国人不喜欢这样的寓意，甚至发音也较为避讳。除了“三”这个数字，还有“四”“十八”，都不太受欢迎。所以大家在日常生活中，甚至于吃个饭点个菜，也都会有所顾忌。至于有人说的“席不成六”，就更奇特！说的是吃饭如果用的是圆桌的话，最好不要坐六个人。因为整个造型，从上往下看，很像一只乌龟的形状，我个人觉得这种说法太过牵强，因为每次吃饭，谁又能保证不是六个人呢？所以类似于“席不成六”的规矩，全是今天某些人故弄玄虚的说法，大家根本不用在意。

其实，古人的饮食观有许多合理之处，很值得今人借鉴。孔子云：“君子谋道不谋食。”提倡“食无求饱，居无求安”。有时请客吃饭，应因人而异，不一定菜肴越多越好。清代学者袁枚算是一位美食家，主张“戒目餐”，即饭菜不可太丰富，“多盘叠碗……一百之中，所做好菜，不过四五味耳”。他曾经亲身经历过饭菜过于丰富，反倒让人倒胃口的宴请。他说：“余尝过一商家，上菜三撤席，点心十六道，共算食品，将至四十余种。主人自觉欣欣得意，而余散席还家，仍煮粥充饥。”（《随园食单》）所以，请客吃饭，应破除一味追求奢靡之风，提倡多寡随意，丰俭由人。

◎ 食前祭礼

何为祭食？人们为谁而祭？怎么祭？

郑玄注：“礼，饮食必祭，示有所先。”贾公彦疏：“凡祭，皆祭先造食者。”古人饮食之前，一定要行祭食礼，其实就是祭祀食物的发明者伏羲、神农氏，感恩祖先，以示不忘本之意。祭礼方法，如

《礼记·曲礼上》中说："祭食，祭所先进，殽之序，遍祭之。"如果是祭酒，很简单，取少许浇在地上即可。如果是祭食，首先要从第一道进献上来的豆中（盛放的是鱼肉），拿取少许，放在席前俎、豆或笾的旁边。然后，依次把所有的食物都祭一遍。在《论语·乡党》中就提到过孔子每次吃饭前，即使吃的是粗茶淡饭，也一定要先祭，再进食，而且态度非常虔诚。

祭食是有顺序的。如果是陪长者，或地位比自己高的人吃饭，则要让尊长先祭。宾主之间，客先祭，主人后祭。客人先行祭礼，也是出于一种礼貌，对主人准备如此丰盛的饭菜，以及热情的款待，表示感谢。对宾客的恭敬祭食，主人需要行礼辞让，以示自己准备的只是粗茶淡饭，不值得祭。

◎ 进餐之礼

古食之礼，大都是周制饮食礼仪的延续。 即使是普通的进餐，虽不像朝宴那般等级高、排场大、仪规多，但每个人的吃相举止、礼仪规矩一样都少不得。不论吃的是山珍海味，还是粗茶淡饭，人们很少会出现举止粗鲁的行为，《礼记》里详述了就餐礼仪的具体仪规：

摄衽盥漱

古时候，不论是家宴还是宴会，饭前很注重仪容仪表。入席前，都需整饬衣襟，更不能袒裘带剑上席。而且，古人的洁净意识一点也不比现代人差。饭前要洗手、洗爵，饭后要“覆手”“虚口”（《礼记·玉藻》）。什么是“覆手”？这就像今天吃饭，用餐巾擦拭嘴角一样，需一手掌心朝下做遮掩，一手擦拭嘴以洁净。那什么是“虚口”呢？古人有饭后漱口的习惯，但不是用茶水，而是用酒来漱口，据说可以保持口腔清洁。

入座有序

不管是在家里，还是在饭店就餐，入座都是有顺序讲究的。

其一，上座必让长者。对于这一礼节，可谓是东西南北古今通用，都应该等长者、尊者依次入座后，晚辈们再按指定位置入座，不可争抢或者随意入座。大人还未入座时，孩子们更不要先入座。若现场有老人行动不便，晚辈应该主动搀扶老人入座。

其二，揖让有礼。《礼记·曲礼上》中说：“客若降等，执食兴辞。主人兴辞于客，然后客坐。”如果与尊长一起就餐，晚辈要礼请尊长先上座，自己再入座。如果双方是宾、主关系，主人需揖让客人先上座，宾客对主人指定的尊位，也会推辞一番。如果宾客的身份低于主人，宾客应该先起立谦让，表示不敢当此席位，而此时作为尊者的主人，也要起身劝说宾客，不要客气，然后客人方可落座。这样你来我往的情景，今天也经常在我们身边发生。其实主人和宾客的心里都明白，这只是故作谦恭，因为每个人对自己应该坐在什么位置，都知道得一清二楚，只有这样，才不会失了分寸。

这样的礼节在今天仍旧是十分必要的。比如，我们外出参加宴会，无论是什么规格，都会涉及座次的安排。参加宴会的来宾，通常都是按照礼仪惯例来排列的。如果来宾较多，会在每个席位上放置来宾的名签，按名字就座，不可争抢座位。如果没有名签，懂得座次礼仪的人，一眼就能看出哪个是主人座，哪个是贵宾座，哪个是普通客人座。如果你是普通客人，却不懂谦让，随意地选择在居中的位置坐下，甚至坐在了主人的位置，那么别人轻则觉得你不懂规矩，重则认为你对他人有意见，故意而为之。所以，我们不论在哪里就餐，要事先了解席间的座次排法，一定要依礼而坐。

慎莫先尝

《礼记·少仪》载：“燕侍食于君子，则先饭而后已。毋放饭，毋流歠(chuò)。小饭而亟之，数噍(jiào)毋为口容。”晚辈与长辈一起用餐，如果自己吃饱了，尊长还没结束用餐，晚辈不可先放下筷子，要等到尊长吃完饭后，自己才能放下筷子。吃饭时，不能将饭粒掉在桌上，更不能将菜肴中的汤汁洒在桌上。饭要一小口一小口地吃，细嚼慢咽，等前一口饭咽下后，才能再将另一口饭放入口中。绝不能将几口饭同时塞入口中，鼓着两腮吃东西，这样的“吃相”极不文雅。进餐之前，一般在场的晚辈或客人，都应该等在座的尊长或主人最先举筷，先尝第一口菜肴之后，方可起筷进餐。

当食不叹

吃饭的时候，不能出现唉声叹气的声音。尤其是作为客人，叹气那是对主人的不敬。相反，如果吃饭的时侯，主人叹气，那就是对客人有不欢迎之嫌了。

食不语

这句话的意思是，一般进食时，不是不能说话，而是尽量少说话。因为如果与他人一起进餐，不说话那是不现实的，而且不与在座的人有任何交流，也是不礼貌的。

只是我们说话时，声音要柔和，避免唾沫四溅，忌讳大笑或唱歌，这样容易呛着，还有可能使食物误入气管或鼻腔内，特别是鱼刺、骨头之类的硬物，卡在喉咙或气管，都是十分危险的。为了避免含食语，进食时每次小口，需要说话时，可以先咽下口中食物，再做出回应。

进食礼规

“毋抟（tuán）饭”：最初，古人吃米饭，不用箸而用手抓取。如果与他人共食，不要用手把饭捏成大团来吃。在古代，用手捏一次谓之一饭。一饭谓之一口，但与今天吃一口的概念，完全不同，古人的一饭团需要分三次吃下。就像郑玄所注：“取饭作抟，则易得多，是欲贪争饱，非谦也。”从食器中取饭时，如果用手把饭捏成大团来吃，不顾及别人也在享用，完全属于贪食、不懂谦让的行为。

“毋放饭”：与他人共食，在抓取饭的时候，如果有饭粒粘在手上，就不要再放回到公用食器中去，这样做很不卫生。

“毋扬饭 ”：刚蒸好的饭很热，有时候还冒着热气儿。这个时候，就要稍等片刻，不要急着用手去扇饭的热气，以免有贪吃之嫌。

“毋絮羹”：食用羹时，不要自己在汤羹里，重新再加调味料，此举有嫌弃食物不美味的意思，对主人有失敬意。

“毋固获”：不要专拣自己喜欢的那道食物吃，要考虑到其他人也要享用。在今天的餐桌上，有些人也有这样的习惯，总是把受欢迎的菜或自己爱吃的菜，一个劲儿地往自己碗里夹，一点都不考虑其他人，实属自私的一种表现。

“毋刺齿”：吃饭时当众剔牙，实属形象不雅。孔颖达疏：“口容止不得刺弄之，为其不敬。”更是对周围的人不尊敬。今天也需如此守礼，如果实在需要当众剔牙，我们应该一手剔牙，一手在口的上方作个遮掩。其实最礼貌最好的办法，就是去洗手间处理。

“毋流歠（chuò）”：喝汤喝粥的时候，小心一点，不要大口大口喝得满嘴流淌，更不要发出声音。

“毋嚃（tà）羹”：食用羹的时候，不要过快。因为羹里有菜，要把菜嚼一嚼，再咽下去。孔颖达疏：“人若不嚼菜，含而饮吞之，其欲速而多又有声，不敬，伤廉也。”

“毋咤（zhà）食”：进食的时候，不要啧啧出声，或者发出砸吧嘴的声音，这都是不懂规矩的行为。进食要适量，最好小口小口地吃，轻闭嘴唇，细嚼慢咽。那种饭菜塞在嘴里、鼓着腮帮子的吃相，确实不雅观。同时，咳嗽或打喷嚏，都要以手掩住嘴，把头偏向身体后方，不能对着餐桌或左右两边的人打喷嚏。

“毋啮（niè）骨”：吃带骨的肉食，不要像动物那样，拿起骨棒啃咬。郑玄注：“为有声响，不敬。”古时的餐具有刀叉，可以先把肉剔下来，切小再吃。

“毋嘬（chuài）炙”：炙，烤肉。吃大块烤肉或烤肉串时，不能一口吃下。应该先尝一小口，然后放到俎上，用刀切成小块儿再吃。

“毋反鱼肉”：与他人共食时，已经咬过的食物，就不要再放回公用食器中，那样会让其他人没法吃。

“濡肉齿决”：对于比较柔软的烧肉或炖肉，是可以拿起来用牙直接咬着吃的，但如果是一块干肉，因为肉质较硬，吃起来比较费劲儿，就不要用牙咬着吃了，应该先用手撕开，或用刀匕先把肉切开来吃。

“毋歠（chuò）醢（hǎi）”：醢，是一种肉酱，跟我们今天的肉酱差不多，得用别的菜蘸着吃，不可以像喝汤那样吃。

“共食不饱”：与他人共用一个食器吃饭时，要懂文明谦让，不可只顾自己吃饱。

“共饭不泽手”：与他人共食，双手要干净，不能在抓取饭的时候，临时去搓手就食，这是十分失礼的。

“毋投与狗骨”：自己吃剩下的肉骨头，切勿投给狗吃。尤其是去别人家里做客，这是一种嫌弃食物的动作。

“凡尝远食，必顺近食”：如果想要品尝离自己远一些的食物时，不要直奔那道菜去，而应该先从近处的菜吃起。

“食必尽”：吃饱后，若要结束就餐，自己碗里的食物，尽量要吃干净，忌讳碗里还留有饭食，造成浪费。还有一点，吃完饭后，千万不要把碗倒扣起来。因为碗倒扣的形状，就像一个坟墓，对主人家里不祥，是极为失礼之举。

饮酒温克

俗话说“无酒不成席”，酒文化也是我国饮食文化的重要组成部分。古人饮酒倡导温克，教人不做“三爵不识”，非常崇尚酒德。酒过三巡，仍无节制，就叫失态。饮酒讲究规矩：敬酒时，右手持杯，左手扶杯底。别人敬酒时，要停箸举杯，微点头以示敬意。与人碰杯时，要让自己的酒杯举起的高度低于对方的杯沿，尤其是对长者、贵宾。《礼记・曲礼上》曰：“侍饮于长者，酒进则起，拜饮于尊所。长者辞，少者反席而饮。”在长辈面前饮酒，要微微侧转身体，再饮酒。

◎ 宾客之礼

第一，听从安排。入席就座，如果自己不能把握坐在什么席位上，最好的办法就是听从主人的安排，即客随主便。

第二，兴辞之礼。吃饭之际，宾主都会起身，相互说一些谦辞敬语。虽说都是客套话，但也情真意切。《礼记・曲礼上》曰：“客若降等，执食兴辞。主人兴辞于客，然后客坐。”客人的地位如果低于主人，就要先起身，对主人的热情款待和亲自作陪，要表达感谢。当然，主人也会站起来表示谦让推辞。当遇到主人为自己夹菜，客人应微微欠身或起立，行拜谢礼，然后再进食，不能泰然处之，理所当然地接受。

第三，食不求饱。《礼记·玉藻》云："凡侑食，不尽食。"在古代，一般懂礼的客人都知道，一道菜再好吃，也不能把菜全部吃完，都习惯剩一点菜在盘里，以示对主人的敬意。如果把菜都吃光，则有贪吃之嫌，更有暗示主人再添加之意。从今天的角度来看，这种习惯容易造成浪费，不可取。相反，如果菜肴不好吃，或不合自己的口味，客人出于礼貌，多少也要夹取一些，不能一口不吃。如果遇到主人为自己夹菜，但正好又是你不喜欢吃的，也不要当场拒绝，应该有礼貌地先接受下来，并表示感谢，然后象征性地吃上几口。如果实在吃不完也没关系，把不吃的菜放在餐盘边上就可以了，这不算失礼。

第四，主动撤食。吃完饭，客人要主动帮主人收拾餐具。如果遇到主人劝阻，客人也就不必执意帮忙了，可以坐回到席位上。如果是自己的家人或关系很熟悉的朋友之间，那么撤餐具的事宜，一般由在座的年轻人来做。

◎ 侍食之礼

作为宴饮活动的东道主，主人不仅要准备美味佳肴，以供客人享用，最重要的是要陪客进餐。期间，作为陪侍者，也有很多细微仪节需要注意。

第一，以净待客。我国传统礼仪文化特别讲究“净”，即干净洁净的意思。举行正式宴会时，主人家里通常要保持进食的环境卫生，清洗酒宴所要用到的各种器具。酒礼上，主人向来宾敬酒前，即使盛酒的爵在客人未到之前已经洗干净了，当着宾客的面，仍要再洗手洗爵一次。

第二，恭谨周祥。进餐前，主人都要有一个简单的祝辞，说一番诸如“略备薄酒（宴），赏光赴宴，不胜荣幸，各位请用”之类的话语。一般要求简短，说话不能太冗长，不能让来宾面对一桌子菜，迟迟不能起筷，这是极不礼貌的。再者，主人若不先举筷，客人是不会先动筷的，所以，主人应多替客人考虑。

第三，主动劝食。传统进餐礼节中，客人往往出于礼貌，都不会像在自己家里那样吃饭，多少会克制饮食，那么作为主人一方，要主动劝食或主动为客人添饭加菜。但是，主人不可对客人行“强让”之礼。一桌菜，各种口味，客人各有所好，劝食礼节点到为止，主人宜听从客便，不必强让。同时，主人陪同客人吃饭，不能先放下筷子先吃完，这一举动有催促快吃之嫌，对那些没有吃饱的客人来说，也会匆匆放下筷子不再吃了。所以，一定要等客人吃完，主人方可停下用餐。

古人对饮食的讲究，从器皿菜肴、饮食流程到礼仪规矩，不论粗茶淡饭，还是美味珍馐，无一不体现着古人的优雅气质和极高的文明素养，以及对食物极大的敬畏之心。古食之礼，虽与今天不太相同，但里面有一部分传统习俗并不过时，对后世饮食文明有着深远的影响，也更需我们今人去芜存精，继承和借鉴下去。

宴客用语

请客赴宴时，设宴款待远道而来的宾客，俗称『接风』『洗尘』。设宴为他人送行叫『饯行』。款留宾客，供给膳食，叫『授餐』。饮宴时，请客人就座入席，可说『入座』『入席』『即席』。端菜上桌，称『布菜』。上酒说『示酒』。给客人倒酒，说『斟酒』。劝客人进食，叫『侑食』。劝客人饮酒，叫『侑饮』。自己先吃完对客人说『慢吃』。如需要先离开宴席，应说『失陪』。席上主人应陪客人饮酒，叫『陪饮』『作陪』，也就是古时称的『扬觯（zhì）』『举觯』之礼。

箸之礼

天圆地方，有品节

纣为象箸，而箕子怖。

——《韩非子·喻老》

古代的箸，后世称为筷，是东方文明的标志物之一。中国是筷子的故乡。用筷吃饭，更是我们中华民族数千年饮食文化的重要组成部分。在我们中国人心中，筷子一日三餐都要使用，是最寻常之物，却又极不平凡。

◎ 箸的由来

我国使用筷子的历史，可追溯到商代。先秦时期称筷为“挟”，到了秦汉叫“箸”，后来古人认为“箸”与“住”谐音，有停止之意，便反其意称之为“筷”。

自从西餐传入我国以后，许多人总觉得用刀叉就餐，姿态很高雅。其实，用筷子就餐也同样优雅！

说到刀叉，其实对我们的先祖来说，并不陌生。很少有人知道，刀叉是在15世纪冶金术发明后才使用的，也就是说，当西方人还在用手吃饭的时候，我们的先祖就已经在使用箸就餐了。据古籍资料记载，古人从西周开始，不仅用箸取食，也用刀叉进食。我国在出土的四千年遗址墓葬中，就发现过骨质的餐叉以及成套的餐刀。只不过那时的刀，称为“匕”。在前面我们提到过，匕是一种长柄的勺，有切割和挑取食物的功能，根据用途有饭匕、挑匕、牲匕、疏匕。在《鸿门宴》里，项羽为了给樊哙来个下马威，“赐之彘(zhì)肩”(生猪肉)，樊哙倒是很生猛，把彘肩放在盾牌上，“拔剑切而啖之”，用刀切着吃。那个时代，吃生肉不算“野蛮”，樊哙这吃相应该属最豪放的吃法了吧！

既然古代也用刀叉就餐，为什么最后却选择了箸？

这与我们祖先的饮食习惯的改变有关。从一开始的吃肉食，到吃粮食，从吃生食到吃熟食，一双箸，即筷子，要比刀叉使用更便捷实用。比如，筷子具备“夹、搅、拌、挑、扎、分、截、拔、引、划、刮”等功能，既可以轻松夹取米、黍、稞这样的颗粒状食物，又能轻易地拿取碗里的汤、粥这样的流食，操作很方便。正因如此，中国人早在3000年前就开始使用筷子夹菜了，到了战国时期，筷子就已经成了贵族阶层餐桌上的主流。在材料上除了竹筷、木筷，还有金银玉箸，紫檀、象牙等极尽奢华、象征社会地位的筷子。从此，中国人开始大规模地使用筷子，而刀叉呢，也因为杀气太重，被淘汰出了餐桌，留在了厨房。

◎ 拿箸技巧

一双筷子，在某些西方人眼中的两根小“棍子”，使用起来却是最难掌握技巧的。所以，学习正确拿筷，是我们每一个中国人从小就需要去面对的一件事情。一个“起筷”动作，需要手与手臂三十多个关节、五十多块肌肉参与进来。两只筷子之间，全靠大拇指、食指和中指恰当地配合，再以无名指从中辅助，才能在餐桌上行云流水般地运用。

第一，拿筷毋倒。

对于这个禁忌，古人是有讲究的。前人学者有许多种解释，说法之一，中国筷子的标准形状是“上方下圆”的造型，即天圆地方的意思。在古代，由于知识受局限，一直认为天是圆的，地是方的。又结合《周易》学说，“方”为坤卦，坤有柄象，有把手的意思。而“圆”属乾卦，乾为天，为第一，“民以食为天”由此得来。当方（地）在上，圆（天）在下的时候，也示意着坤在上，乾在下，而这种卦象，在周易里属天地交融，和顺通达，是最好的卦象之一，即“地天泰卦”。相反，如果筷子拿倒了，成了圆（天）在上，方（地）在下，变成乾在上，坤在下，在周易里，属天地否，不交不通，属“天地否卦”，也是最差的卦象之一，成语“否极泰来”就是由此而来的。

另一种说法，筷子的顶端做成方形，是为了夹取稳当，而下端做成圆形，是为了灵活运用。再者，人们每天在吃饭的时候，手里握着“天圆地方”的筷子，时刻告诉人们一种生存之道，无规矩不成方圆，为人处世要秉持中正的原则，但有些时候又要懂得变通，该方则方，该圆则圆。

第二，筷要成双。

筷子一定要成双成对，不可单只使用。而且明明是“两根”，为何大家都只说“一双”或“一副”，从来都不会说“要两根筷子”？这要用我国“太极”“阴阳”学说来解释了，古人认为一分为二，合二为一，一是太极，二是阴阳。当起筷夹菜时，大拇指和食指在筷子的上方，中指、无名指、小指依次在下，分别代表着天、地、人三才。标准的起筷动作，其实下面的那一根是不动的，叫做“静筷”，而上面的一根，是需要借助食指和拇指向内弯曲的动作来靠近下面的“静筷”，从而将食物夹住，所以称为“动筷”。一双筷子，一静一动，阴阳合一，相互配合，开合自如，这才是最理想的状态，这也是我们中国人的哲学。

一双标准的传统筷子，有“七寸六分”长，代表着人的七情六欲。七情为人的喜、怒、哀、乐、惧、爱、恶。而六欲为人的眼、耳、鼻、舌、身、意。每天手拿着筷子，也时刻警醒着自己和他人，人与动物是有区别的，不论做什么事情，一定要懂得节制，有分寸。

◎ 箸之礼宾

在筵席上，一双筷子能折射出一个人的性格与品德。如果运用不当，会被别人视为没有素养。作为主人宴请客人，用箸待客要注重礼节。

第一，统一筷子。

接待宾客时，主人可单独为客人另备干净的碗筷。而且一副筷子，长度、图案和颜色都要一样，切忌长短不一，图案各异。

第二，整齐摆放。

筷子要整整齐齐地放置在碗碟的右侧筷架上。筷头（圆的一端）朝外，不能筷头筷尾交错，有“颠倒乾坤”之意。尤其是一横一竖交叉放置，这是不吉利的摆法，是极为失礼的。

左图◎
宋·宋徽宗《文会图》(局部)

第三，恭敬递筷。

给别人递筷子，不要把筷子远距离地投掷给对方或扔在桌上。如果给长辈、尊者递筷，晚辈要双手拿筷的中间，筷尾（方的一端）朝前，恭敬地递过去。平辈之间，可单手递送。

第四，学会动筷。

如果去别人家里做客，客人不可先起筷，这是很不礼貌的，一定要等到主人先起筷，客人才可以动筷，或者要等长辈先起筷，晚辈方可动筷夹菜吃饭。

第五，规矩搁筷。

大家都知道，吃西餐时，就餐如果没结束，只是中途休息，刀叉摆成“八”字形，放在餐盘里。如果表示吃好了，不再吃了，刀叉并排竖着，放在餐盘中央或盘口一侧。吃中餐呢？有没有这样的讲究呢？其实，我们的筷子也有严格的规矩。如果就餐没结束，可以把筷子并排竖着，放置在碗口右侧。如果已经吃饱了，不想再吃了，怎么搁筷呢？“食已，则置匙箸于案。”（《朱子童蒙须知》）将筷子整齐地放置在靠近碗的食案上或箸托上就可以了。不管哪种情况，面对尊长，都不要把筷子并排横搁在碗口上方或碟子上，这种横筷方式一般用于平辈或比较熟悉的朋友之间，比较随意。

第六，公筷取菜。

为了表示热情，主人有时候会替客人夹菜，对于这种好客方式，我个人建议，最好“己所不欲，勿施于人”，可以用语言劝别人多吃，最好不要擅自做主，亲自替别人夹菜。清代著名学者袁枚就对强行为他人夹菜的行为表达过不满。他说：“尝见主人以箸夹取，堆置客前，污盘没碗，令人生厌。”用自己的筷子，主动夹菜放入到他人碗里，既不礼貌，也不卫生！所以，吃中餐最好使用“公筷公匙”夹菜舀汤最为得体。日本也是用筷就餐吃饭的国家，对用自己的筷为他人夹菜，即使是用公筷夹取，也是无法接受的，尤其是老一辈的日本人，更是在意这一点。这是因为，日本人没有主动为客人夹菜的习惯，唯一这么做的场合，就是只有当遇到有亲人去世，尸体火化后，骨灰中仍有一些小骨头，亲朋好友将它们用筷子一块块夹出来，同时还要虔诚地拜一拜，所以，主动为日本客人夹菜，看似热情，实为失礼之举。

第七，礼貌架筷。

在就餐中途，如果大家都还没有吃完，主人不能随便架筷。客人有可能还没吃好，看到主人都架筷了，也会停下筷子，不好意思再吃了。什么时候可以架筷呢？比如，看到所有人就餐差不多了，快要结束了，作为主人方可架筷。但不要立即去收拾碗筷，这也是不礼貌的。同样，小辈为了表示对尊长的礼敬，也必须等尊长就餐结束先停下筷子后，方可架筷，这是古礼“人不陪君筷陪君”之意。

◎ 用箸取食

忌拿筷过低。拿筷子不要拿得过于偏下，应该拿在筷子的三分之二处。一般小孩子可以拿在筷子的中间，或者偏下一点。因为孩子的手部力量小，如果拿筷太高，夹菜不稳，很容易滑落下来。

忌拿筷翘指。《相书》上说：“三指用箸者自如，四指用箸者贵，五指用箸者大富贵。”但绝没有翘起食指拿筷子的姿势，这相当于，你一边夹着菜，还一边用食指指着别人。

忌舞筷指人。手里拿着筷子，说话时比比划划，东指西点，尤其是用筷子指人，有责骂他人之意，这些都是不礼貌的习惯。

忌以筷击碗。不要用筷子去敲餐盘碗碟，因为在古代，只有乞丐在乞讨时才会这么做。

忌三长两短。摆放筷子的时候，一定要放整齐，这是对客人最基本的尊重。一长一短胡乱地放置着，对客人不敬，也不吉利，因为会让人想到棺材。中国传统丧葬是土葬，人死后用到的棺材，就是用三块长木板围起来，两块短木板封上，因而得“三长两短”。所以，放置筷子不能长短不一，否则犯了大忌。更不能用长短不一、参差不齐的筷子。

忌以筷当刀。不要把两根筷子分开来，当刀叉来使用，去挑拨食物。

忌夹菜迷筷。忌讳拿着筷子夹菜时，在菜碟上方犹豫不决，悬在餐盘上方，游来移去不知道夹取哪道菜。

忌胡乱扒菜。用自己的筷子，胡乱地在公用菜盘里翻来搅去。当夹起菜时，中途又觉得不喜欢，然后又放回去，这样的举动极为失礼。

忌夹菜泪箸。夹菜的过程中，注意拿筷技巧，不要让筷子里的菜还没到自己的碗里，就撒了一路。

忌饭碗插筷。自古就有讲究，除了祭祀，平日里吃饭把一双筷子竖插在盛有食物的碗里，这是对其他就餐者大为不敬的行为。古人认为把筷子摆出这种造型，看起来就像在一个香炉里“当众上香”。民间习俗里，祭祀祖先，给死去的人上坟进香才这样做。

忌筷子掉落。对我们中国人来说，从小父母就会教育我们，吃饭端碗，要抓牢碗底，筷子也是一样，手要握紧拿好。如果在吃饭过程中筷子滑落，掉在地上，古人认为这会惊动祖先，也是大不孝的行为。

忌咬舔筷子。在餐桌上，把自己的筷头含在嘴里来回嘬，或者咬筷、舔舐筷子，都是失礼之举。

忌夹菜扭筷。在吃面条、米粉之类的长条柔软的食物时，忌用筷子直接插进去，然后扭转筷子，让食物整个卷挂在筷子上进食。

忌夹菜斗筷。有两种情况，第一种，就是两个人拿着各自的筷子相互传递食物。第二种，就是两人的筷子，同时伸到了一个菜盘里，造成筷子“打架”。

忌蹾筷找齐。一双筷子，要整齐地拿在手里。有的人常有一种不自知的习惯，一旦发现手里的筷子拿得不整齐，会顺手把筷子竖着在桌上或餐盘里蹾一下找齐，这个小动作看起来不太礼貌。

忌箸匙同用。凡饮食，“举匙必置箸，举箸必置匙”。进餐时，筷子与匙一般不要同时并用。一手用筷，一手举着匙，会给人一种贪吃的印象。所以，拿筷就要放下匙，举匙就要放下筷。

说了这么多我们最熟悉的筷子礼节，一双小小的筷子承载着我国数千年的美味佳肴，更展现了我们先祖的处世智慧。唐玄宗曾把一双金筷赐给宰相宋璟，赞誉他的品格像筷子一样正直。一双筷子，也可以让人化险为夷，青梅煮酒论英雄，曹操试探性的一句“天下英雄，唯使君与操耳”，刘备巧妙地利用一双筷子，借惊雷之声，“失匕箸”，表明自己是个胆小之人，从而化险为夷。如今，面对我们每天都离不开的最熟悉的筷子，我想更多的是人们对生活的启迪，对中华文化的传承，是明礼，是关爱，是团聚！

上图◎
魏晋·庖厨·甘肃嘉峪关
王陵大墓壁画墓七号

乡饮酒礼

以醴礼宾，观民风

民知尊长养老，而后乃能入孝弟。民入孝弟，出尊长养老，而后成教，成教而后国可安也。

——《礼记·乡饮酒义》

在古代，人们为了调剂人际关系，经常在个人、党族甚至乡社之间举行各式各样、规模有大有小的宴请活动。其中，乡饮酒礼就是我国历史上范围最广、延续时间最长的一种。它最早起于周代，起初只是乡人之间以酒为乐的一种小聚餐。后来这种形式慢慢发展到，不论从规模、宾客人数还是仪规程序，都要比普通的节日举行的家宴复杂得多，甚至还被纳入到了国家礼制体系“五礼”之嘉礼当中。

为什么古人会如此重视一场乡饮酒的举行呢？其实，乡饮酒礼不只是古人为了聚聚餐、喝喝酒那么简单。《周礼·地官·党正》有云：“以礼属民而饮酒于序，以正齿位。”举办乡饮酒礼，主要是为了宣扬尊贤敬老，树立良好的社会风尚。《汉书·礼乐志》也认为，“乡饮之礼废，则长幼之序乱，而争斗之狱蕃”。乡饮酒礼的作用，恰恰满足了统治阶级与社会的需要，通过举办乡饮酒礼，可以教化乡民在外能别长幼、明尊卑、敬贤者，回到家里更能孝顺自己的父母，善事自己的兄长。与其说乡饮酒礼是宴饮，不如称它是为了体现尊卑贵贱、长幼身份、等级差异而进行礼教教化的一种政治礼仪活动。

◎ 乡饮酒礼的形式

“乡饮酒礼”的“乡”，到底是个什么概念?

据《周礼》所述，“乡”是周代的一级行政单位，下面的基层行政区依次为州、党、族、闾、比。周代礼制规定，天子所居住的都城，外围一百里之内，称为郊，郊分六乡。乡的行政长官，称乡大夫，一乡大约有一万二千五百家；一乡分五个州，二千五百家为一州，州的行政长官，称为州长；一州分五党，五百家为一党，党的行政长官，称为党正；一党分五族，百家为一族，其长称族师；一族辖四闾，其长称闾胥；一闾分五比，其长称比长；一比为五家。诸侯国比天子都城要小，都城外百里之郊，只分三乡，其他的行政区划单位结构相同。不过乡的大小规模，历朝各代都有变化，且行政划分也有差异。

在古代，上至国家，下至地方的乡、州、党，都会以固定的时间、形式，举行乡饮酒礼来燕飨乡民，以达到教化的目的。据《周礼·地官·乡大夫》和《仪礼·乡饮酒礼》所述，从周代开始，举

上图◎《宴饮百戏图》东汉墓壁画

办乡饮酒礼主要有以下几种类型：

第一类，举荐贤者。

周代各诸侯之国都有乡学，相当于今天的公立学校，是乡一级的学校，周代称为“庠（xiáng）”，学制三年。而乡大夫的主要工作职责就是主管乡里的政教、禁令等各事务，同时每隔三年，乡大夫就在庠内，对本乡的士人，也就是读书人进行大考，从中择优选拔出德行才能优异者，举荐给诸侯、国君或天子任用。一旦贤士被选拔出来后，临行前为了表达对人才的尊敬和重视，乡大夫要以主人的身份，在乡学设宴，以宾之礼来款待这些优秀的贤士，同时还要请来本乡德高望重之人，其实就是退休的官员，还有善良的乡民来陪饮，以示尚贤，这叫做“乡饮酒”。

第二类，以射取士。

每年春秋两季，乡下属的各州，在学校“序”内，举行射礼。射礼是古代六艺之一，古人认为，乡射之礼训练，可以陶冶人性。射箭跟为人处世的道理是相通的，能体现一个人的德行高低。比如，射箭时，“进退周还必中礼”（《礼记·射义》），身体的进退旋转，都需认准目标，身姿立稳，内心沉着，而后方可发射。如果没有射中目标，也不要去埋怨胜过自己的人，而是要从自身找原因。所以，射礼的核心，就是对手之间往往讲究谦和、礼让，“君子无所争，必也射乎，揖讓而升，下而饮，其争也君子”（《论语·八佾》）。孔子说，君子有所争，就如比赛射箭那样，赛前相互作揖，然后登堂，射箭之后下堂，相互作揖。不论输赢，彼此对饮，赢了的人说：“承让!”，而输了的人说：“领教!”乡射之礼讲究的就是这种谦和、礼让的风范，通过这种竞技的形式，来立德立君子，追求体魄与心性的和谐统一。也正因为这种君子精神，我国古代的传统射礼还传到了朝鲜、日本，称之为“弓道”。古人在举行射礼之前，由当地的乡党主持，举行酒宴以飨乡邻，以树德行，达到教化民众的目的，这也叫做“乡饮酒”。

第三类，以正序齿。

州下面的党，每年要例行宴请一次本地德高望重的人，以示尊贤。《周礼・地官・党正》曰："以礼属民而饮酒于序，以正齿位。"主要是借举办乡饮酒，向乡民宣扬忠孝礼教，以扭转社会上酗酒无度的风气，同时对维护乡党团结、稳定社会秩序有积极促进作用，这种宴请也属"乡饮酒"。

第四类，年终蜡（zhà）祭。

在周代，历年十二月举行蜡祭，以祭祀百物之神，算是一种丰收的祭祀典礼，同时也为来年的收成祈福。到了汉代，改为腊，并定于每年冬至后的第三个戌日腊祭，是年终非常重要的祭祀活动，这时官吏和当地百姓都纵情宴饮。宴席上，会根据来宾的年龄长幼排列座位次序，"六十者坐，五十者立侍，以听政役，所以明尊长也"。同时，酒礼规定，不同的年龄，菜肴数目也不同，如"六十者三豆，七十者四豆，八十者五豆，九十者六豆"（《礼记・乡饮酒义》）。凡六十岁以上的人，可以坐着吃。五十岁的人需站着，好随时听候堂上老者的差遣，也是为了表达对长辈的尊重。六十岁的人，布菜肴三盘，七十岁四盘，八十岁五盘，九十岁六盘，以示对年老者的奉养，也以此来教化乡民尊长养老。这种宴请也属于"乡饮酒"。

上述几类，只是乡饮酒礼的其中一部分形式，都有固定的严格的仪式和礼节。秦汉以后，乡饮酒礼长期为历代士大夫所尊用，直到光绪二十三年（公元 1897 年），清政府决定将各地乡饮酒礼的费用拨充军饷，乡饮酒礼才被下令废止，前后沿袭约三千年之久，在中国历史上产生了深远的影响。【注 12】

【注 12】彭林：《中国古代礼仪文明》，中华书局 2004 年版。

◎ 乡饮酒的仪程

举办乡饮酒礼，一般由地方官员主持。与平常的宴请不同，有严格的固定仪式。首先，对参礼嘉宾，请谁来，不请谁来，都有一定的选择。不是谁有钱就能来，主要是乡里德高望重者优先。还有宴请的菜单、种类、器皿的陈设、座次安排、进出次序、摆宴方式，谁站在什么位置，该说什么话，行什么礼，一系列的仪程规矩，都有着严格的选择和规定。可以说比我们今人宴客要讲究得多。

乡饮酒礼主要包括“谋宾”“戒宾”“陈设”“迎宾”“献宾”“乐宾”“宴饮”“送宾”“拜谢”等二十四个程序，整个仪式庄严隆重，有礼有节。

谋宾

举行酒礼前，乡大夫和乡里德高望重者，先要一起商量，选出参加本次酒礼的宾客名单，古礼称之为“谋宾”。

那谁是正宾呢？毋庸置疑，一定得是乡学中成绩最优异的那位贤士，也是本次参礼中最尊者。其次，还得有一位次宾，古人称为“介”，主要负责在宴饮上辅助正宾，通常也是从年轻的贤士中选出。再次，选出三人为众宾。最后，从本乡属吏中，选择一名德高望重的人，来担任乡大夫的助手，称为“僎”（zūn 通“遵”）。

戒宾

人员名单一经选定，作为主人，也就是乡大夫，需亲自前往宾的家中，邀请其出席，以示对招才集贤的重视，这一仪节称作“戒宾”。邀请完正宾，接下来，以同样的礼节去通知介。

陈设

酒礼举行的当天，要提前准备好仪式上要用的器具。

首先，放置好酒器。在户室与东厢房中间的位置，放置酒和玄酒各一壶，东侧放酒，西侧放玄酒。酒壶上各放一把勺。在两个酒壶的南边，放置一个盛酒器，即篚（fěi，一种竹器）。玄酒即水，古礼强调在酒樽的西侧放一壶玄酒，是为了追念往古，以示不敢忘本。饮酒前，从玄酒壶中舀出三勺注入酒壶，以稀释酒。

其次，设置盥洗处。在阼阶东南处，即堂下东边的位置放置“洗”。类似于今天的洗脸盆，用来盛接洗爵洗手的水。在“洗”的东边，放置用来盥洗时所用的水。

最后，席位设置。宾与主的坐席都陈设在堂上。主宾的席位，因身份最尊，要设在堂的西北，面南而坐。介，也就是副宾，仅次于主宾，席位则设在堂的西南，面东而坐。而主人，席位则设在堂的东南，面西而坐。主人的助手，僎的席位，设在堂的东北，也面西而坐。

这种不同的方位布置，对古人而言，往往都有不同的寓意。乡饮酒礼中，对宾与主的席位安排，又有何用意呢?

据《礼记·乡饮酒义》中释义，古人认为天地四方都有气象。西南方，主生天地间的凝重之气，而到了西北方，会变得最为强盛。所以此气为天地道义之气，作为道德高尚的正宾，平时用义来待人，又是本次仪式的主角，理应受最高礼遇，所以，正宾之坐席，设在西北方。介之坐席，设在西南，以辅助宾。东北方，主生天地间温和敦厚之气，到了东南方就更为强盛，这是天地仁爱之气，作为主人，以仁厚之心待人，所以，主人之席，设在东南。僎之席，设在东北，以辅助主人。其他三位众宾的席位，也设置在堂上，紧挨着正宾的西边。如此安排，宾客与主人，各安其所，道义与仁爱交相呼应，这正是乡饮酒礼的意义所在。

迎宾

首先，介和众宾，要先到正宾家的门外聚齐，随后与正宾一同前往乡学参加乡饮酒。主人则需“以礼礼宾之”。

主人拜迎。主人迎候于乡学（庠）门前。宾客到，主人要拜迎，先向宾行再拜之礼，宾还礼答拜。再向介行一拜之礼，介还礼答拜。最后向众宾行拱手之礼，众宾还礼答拜。

宾主入门。主人揖请宾入门，宾谦辞礼让。主人先从门右侧而入，为宾做引领。入门后，在门内右侧，面西而立礼请宾入门。宾（正宾）向后面的介，行长揖后，从门左而入，立于门内左侧，面东而立。接着，介向众宾长揖后入门，众宾也都跟随而入，按尊卑立于门的左侧，以站在最北端者为尊，也就是正宾所站之位。

宾主升阶。主、宾先互行三揖礼后，以主东宾西的行进方位，往堂前走去，先行升阶上堂，而介和众宾须立而不动，在大门内原地等待。当主与宾行至庭院三分之二处时，还需彼此再次互行三揖礼，以示谦让礼敬。最后，主人行至东阶处，宾行至西阶处，准备升阶上堂。登阶前，主与宾又再次互行揖礼后，主人先登东阶而上，宾升自西阶跟随。主人登上堂，在堂的前梁下，需面朝北，行再拜之礼，而宾在西侧相同之处，也需行答拜还礼。

礼毕，主、宾依次入席。

献宾

“献宾”是整个乡饮酒礼的核心环节，与平时的饮酒行礼不同，整个仪式烦琐复杂，宾主之间需依照古礼要求，相互行“献”“酢”“酬”三个敬酒礼节，合称“一献之礼”。其间，“拜至，拜洗，拜受，拜送”，主、宾彼此尊重、谦让、恭敬，无不体现着君子交接之道。具体仪式如下：

第一项，主人献宾。

首先，主人从篚中取出酒爵，降阶，也就是从东阶下来，走到庭中“洗”的位置，行洗爵之仪，也就是洗手、洗爵。其实，酒爵在宾到来之前，就已经清洗干净了，但作为仪式的一部分，仍要再次清洗，以示对宾客的洁净之礼，这也是行洗爵礼的意义所在。而作为宾，见到主人要为自己下堂去洗爵，也要起身，从西阶下堂，向主人行礼，陪主人一起下堂来，以示主人亲自为自己洗爵，有不敢当之意。此时，主人要对宾辞谢。宾主之间反复谦让推辞三次后，主人去“洗”处洗爵，宾则退回到堂下西序的位置，面东而立，等候着主人。当主人洗好爵后，向一直站在西序等待的宾，行拱手礼，以示宾先登阶上堂，回到席位。礼毕，双方登阶上堂，入席。

放好爵后，主人还需再次下堂洗手，仪式礼节与洗爵相同。

洗手、洗爵完毕，主人先斟酒献给宾，宾拜谢后接过爵，入席。然后，宾先行祭食礼：一位有司将准备好的菜肴，即干肉、肉酱和祭肺端出来，摆在宾的席前。宾坐在席上，左手持爵，右手拿干肉、肉酱尝一口，以示祭祀，表示接受了主人的款待。然后再拿起祭肺，用右手扯下肺的下端，尝一小口以“哜（jì）肺”，再把它放回食案，以示接受了主人所献的牲肉。祭食后，宾要擦干净手，再行祭酒礼：祭酒时，宾要起身，移坐到席位的西端坐下，行“啐（cuì）酒”之礼，也就是先浅尝一口酒后，放下爵，再次拜谢主人，并“告旨”，称赞酒的味道，美味甘甜。

此时，主人需走到阼阶（东阶）上，还礼答拜。接着，宾持爵起身，走到西阶之上，面朝北而坐，行“卒（zú）爵”之礼，将爵中剩下的酒饮尽。喝完爵中酒，宾再次拜谢主人，主人在阼阶上还礼答拜。

这一整个仪节，是主人向宾敬酒之礼，称为“献”。

第二项，宾酢主人。

宾饮尽主人献的酒后，需斟酒回敬给主人，主人把酒饮尽。与主人献宾仪式相同，只是主宾双方互换，这一仪节换成宾洗爵、洗手、敬酒，而主人行祭食、祭酒之礼，但主人祭酒后，拜谢宾，不必称赞酒的美味。这一仪节，为宾献酒回敬主人，所以称为“酢”。

第三项，主人酬宾。

所谓酬，是指先自饮，以劝人饮酒。主人把宾献的酒饮尽后，为了再劝宾多饮，主人再自酌自饮一杯，以示忠信之道。具体仪式为：

主人取觯（zhì），不再持爵，以示对宾有更新示敬之意。与献宾环节一样，主人降阶走到“洗”处清洗觯，因为这次主人洗觯，是准备自饮酒，所以宾不需要辞谢劝阻，只需站在西序处，面朝东而立即可，不用降阶下堂。等主人洗毕，宾主双方拱手谦让，主人升阶上堂。

主人先在自己的觯中倒上酒，面朝北坐于阼阶上，先向宾辞拜，请宾饮酒，宾在西阶拜谢。之后，主人回到自己的席位，行祭食祭酒礼，礼毕，主人把觯中酒饮尽。

接着，主人再次下阶洗觯。宾主谦让礼仪与上相同。洗完觯后，主人为宾注酒，宾要在西阶上拜谢主人，而主人手持觯稍后退，向宾行回拜礼。然后，主人把注酒后的觯，放在荐席之西，宾走过来，坐下取主人注酒的觯，同时，主人回到阼阶上行拜送礼。宾取觯后，不饮酒，而是把它放在荐席之东，然后回到自己的席位上。

以上整个仪节，是主、宾两人共同配合完成的一套饮酒礼组合，分为“献”“酢”“酬”三个饮酒环节，古人将之合称为“一献之礼”。在宴饮中，常用此礼相互敬酒。

第一个环节“献”：主人亲自酌酒，献给宾，宾拜谢后，将爵中的酒喝完，称之为“献”。

第二个环节“酢”：宾饮完，也要斟上一杯酒，回敬给主人，主人拜谢后，将酒饮完，称作“酢”。

第三个环节“酬”：主人饮完宾回敬的酒后，再自酌自饮一杯，然后另酌酒一杯，再献宾，称作“酬”。但最后，宾接过主人酬的酒，却“酬酒不饮”（《礼记·乡饮酒义》）。为何不饮？会不会失礼呢？郑玄注：“酬酒不举，君子不尽人之欢，不竭人之忠，以全交也。”如果这个时候把酒都喝下，恐有贪酒之嫌，所以在“酬”这一环节，宾接过酒觯而不喝，属礼貌之举。

献介

主与宾行“一献之礼”之后，接着下堂，揖请站立在大门左侧等待的介，其间的仪节与请宾时一样，也是三揖三让后，双方登阶升堂。因为介的身份较低，所以，主人与介的献酒的礼数，要比宾低。

介与宾的不同之处，其一，主人向介“献”酒，这一环节的仪节有差异。主人降阶为介洗爵时，与宾不同，介“不拜洗”，即最后不必向主人行拜谢之礼。其二，在祭礼过程中，介跟宾一样，也要行祭礼。不同之处是，介“不哜(jì)肺、不啐酒、不告旨”(《仪礼·乡饮酒礼》)。什么意思？就是介行祭礼时，不尝肺、不尝酒、也不必向主人赞美酒的味道，只需用右手取俎上的干肉和肉酱而祭就可以了。其他的仪节与宾相同。

献众宾

主人与介互揖礼后，走下阼阶，来到大门内，面朝西南，礼请站在门内西侧等待的众宾。因众宾人数多，主人不能一一拜之，所以主人以三拜之礼行之，而众宾则以一拜之礼答拜。

主人走到中庭的时候，向众宾拱手行礼，先登堂，在西楹坐下，取爵。然后下堂洗爵，再上堂斟酒，在西阶上献给众宾。

此时，众宾中年龄最长者，代表其他两位众宾，登堂受爵，主人拜送。随后，众宾之长坐下祭祀，然后站起来把爵中酒饮尽，之后也不用拜谢主人，把空杯交给主人就可以了，然后回到原位。因为众宾低于宾和介，所以在接受主人献酒时，“不拜受爵，坐祭立饮”

即主人献酒时，众宾不拜，直接受爵。坐下祭礼，祭礼后站着饮爵中酒，饮而也不相酢、酬。饮尽爵中酒后，交还给主人。主人拿着空爵，从阼阶下，把爵放入篚内。

乐宾

以酒醴宾之后，还需奏乐，以烘托整个仪式的气氛。

首先，乐工四人入场。两人鼓瑟，两人歌唱。乐工的席位设在西阶的东边，靠近堂南侧的地方，四人席位以东边的位置为尊。演奏的乐曲也有固定曲目，乐工以《鹿鸣》《四牡》《皇皇者华》三章为歌。唱完之后，主人向乐工献酒，乐工之长作为代表拜受酒爵，但不必起身。接着，乐工也要行祭食、祭酒之礼。然后吹笙，曲目为《南陔》《白华》《华黍》。歌乐和器乐合奏《周南·关雎》《采蘋》等。这些曲目大都出自《诗经》，歌词都优雅不俗，且意义深远，以此为演奏曲目，自然有它的用意！以首奏曲目《鹿鸣》为例。诗歌内容共三章，每章首句分别为“呦呦鹿鸣，食野之苹”“呦呦鹿鸣，食野之蒿”“呦呦鹿鸣，食野之芩（qín）”。鹿发现了美食，不忘其同类，于是发出“呦呦”的叫声，呼唤它的同类一起来吃。有美食，不忘同伴一起来享用。郑玄说：“鹿鸣，君与臣下及四方之宾燕，讲道脩政之乐歌也。”以《鹿鸣》为歌，正好与乡饮酒义相契合。所以，后世类似的宴请活动又称为“鹿鸣宴”。

据史料记载，直到清末，有些地方官在每次的乡试中，仍举行“鹿鸣宴”来宴请考官和举人。

旅酬

所谓旅酬，就是依次自饮，以劝人饮酒。

这一阶段，在优雅的乐曲中，尊者可以酬卑者，自上而下地劝酒。宾先酬主人，主人酬介，介再酬众宾，众宾依年龄长幼依次相酬，这一环节古时称为“旅酬”。这一环节较为简单，大家相互拜，不再洗酒杯，也不祭食祭酒，而且都是站着饮酒。

无算爵、无算乐

旅酬之后，宾主之间饮酒，就不计次数了，称为“无算爵”。歌声乐曲也会不断，称为“无算乐”。

乡饮酒礼的基本礼仪，就是“一献”，即宾客刚到的时候，主人献一次酒。然后接着就是“三酬”，即主人酬宾一次，旅酬一次，无算爵又酬一次。之后，所有赴会的嘉宾，可以自由饮酒，同时，堂上堂下也奏乐不止，“以乐侑食”的欢乐场面，就如《诗经·小雅·宾之初筵》描写的那样，“宾之初筵，左右秩秩。笾豆有楚，殽核维旅。酒既和旨，饮酒孔偕。钟鼓既设，举酬逸逸”。宾客们刚上筵席时，相互问候。器具摆设得也很规整，菜肴陈列得如此整齐。酒也味醇甜美。饮酒的人无不欢喜。钟鼓奏乐，响彻厅堂，举杯祝酒。不过，乡饮酒礼的后半段，虽饮酒无算爵，可以一醉方休，但这个“醉”，指的是“卒其度量，不至于乱”（《说文解字》），古人很懂得节制。在乡饮酒礼上，无论一献之礼，还是旅酬，饮酒有上限，不强人饮酒，不饮酒过度，更不可因酗酒而失仪失态。

宾出　乡饮酒礼结束时，乐队奏《陔》之曲。同时，主人送宾客至门外，行再拜之礼，宾辞别离去，主人拜送到此为止。当然，次日宾要身穿礼服，进行回拜之礼，以谢主人昨天的款待。

整个乡饮酒礼的仪规，主要包括一献之礼、旅酬、无算爵、无算乐，参礼者从入门登阶、下堂洗涤，到拜爵拜送，祭食祭酒，从坐着行祭，到站着喝酒，整个过程张弛有度，有礼有节，无不体现了古人尊卑分明、谦恭有礼、长幼有别的礼仪风尚。而且，众人虽酬酒欢乐，但是所重在礼，不在酒，礼乐有序，更没有混乱的场面。这就说明，古人如此重视乡饮酒是有道理的。整个仪节，不用写宣传标语，也不用上门说教，便足以让乡民得以受到良好的教化，从而主动地端正自身，懂长幼之别，尊老爱幼，恭敬谦让，彬彬有礼，起到了宣扬孝顺悌爱、敬老养老的社会风气，以至于再转化为政治上的忠君爱国。正如《礼记·乡饮酒义》有云：“知尊长养老，而后乃能入孝弟。民入孝弟，出尊长养老，而后成教，成教而后国可安也。”人与人之间需要相互尊重谦让，恭敬有序！其实，在今天我国某些地方，每到过年过节也有诸如“百家宴”“千人宴”这样的宴请活动，大多有“聚宗亲，睦乡邻，祈丰年，保平安”的美好寓意，从中或多或少也能看到古代乡饮酒礼的传统文化印记。

伍

人生礼仪篇

守礼循善，礼俗相交

诞生礼

添丁之喜，敬人生

绵绵瓜瓞，民之初生，自土沮漆。

——《诗经·大雅·绵》

诞生，是一个新生命开始进入世界的一件大喜事，也是人生中最为重要的第一礼。沉浸在喜悦中的父母，会以各种各样的方式，来迎接新生命的到来，以表达对孩子的关爱和祝福。不得不说，千百年来，中国人在这份爱意中，创造出了一系列具有民族特色、绚丽多彩的诞生礼俗。

◎ 报喜

古人把孩子的诞生称为“添喜”。这么一件大喜事，主家往往会在第一时间，以各种方式向邻里亲友通报喜讯，所以称之为“报喜”。今天的报喜方式，我们可以通过微信、电话等，与亲朋好友分享这份喜悦，那么古人呢？他们的报喜方式都有哪些？

其实，古代报喜、庆贺的方式也多种多样。

早在先秦时期，《礼记·内则》记载：“子生，男子设弧于门左，女子设帨（shuì）于门右。”这是一种通过在主家门外张挂不同标识，以向邻里通报生男还是生女的报喜方式。“弧”，指的是弓。而“帨”，是古代女子所用的佩巾，类似于一种手帕。古时，如果生的是男孩，主家就在门的左边，挂一张木弓，作为喜得贵子的标识，古人称之为“悬弧之庆”。为什么生男要挂“弧”？《礼记·射义》释为：“故男子生，桑弧蓬矢六，以射天地四方。天地四方者，男子之所有事也。”古人有生男孩的第三天要举行射礼的习俗。用桑木制成的弓，蓬梗制成的箭六支，分别射向天、地、东西南北四方。寄寓男孩子长大后，能骑马擅射，要有志于天地四方的抱负。甚至孔子也说过：“士使之射，不能则辞以疾，县（悬）弧之义也。”男子本悬弧，不会射箭，岂不枉为男子，枉为士？如果生的是女孩，则在门的右边挂一条佩巾，希望长大后能慈惠温良。

如果是国君和贵族家有孩子诞生，庆贺的方式相对就比较复杂。《礼记·内则》记载：“凡接子择日。冢子则大牢，庶人特豚，士特豕，大夫少牢，国君世子大牢。其非冢子，则皆降一等。”大意是，若天子的太子出生，在奉告天子时，要用太牢（牛、羊、猪）这样的重礼来迎接太子。若大夫家有孩子诞生，则用少牢（羊、猪）来庆贺。而士的家里，用一头猪。至于庶人的长子出生，就用一头小猪来庆贺即可。

后世人们报喜、庆贺的方式，更是具有特色。女婿到岳家去报

上图◎明·仇英《汉宫春晓图》

喜，如果生的是男孩，就用红纸包一支毛笔，生女孩则附上花手帕一条。还有送煮熟并染红的鸡蛋来报喜的，生男单数，生女双数。今天的湘西新晃地区仍有“提鸡报喜”的古代习俗。在生孩子的当天，夫家就要备上两斤酒、两斤肉、两斤糖、一只鸡，由女婿提上到岳家去报喜。如果提的是公鸡，便是生了男孩，提的是母鸡则表示生了女孩。如果提的是双鸡，那就更高兴了，因为意味着生的是双胞胎。

《诗经·小雅》中有这样的描写：“乃生男子，载寝之床。载衣之裳，载弄之璋。”“乃生女子，载寝之地。载衣之裼（tì），载弄之瓦。”这里所谓“璋”，指的是美玉。这里的“瓦”，千万别误以为是瓦片，指的是一种古代的纺织工具陶纺轮。诗歌的意思是，如果生了男孩，就让他坐在床上，给他穿上衣裳，拿贵重的玉器给他玩耍。希望长大后，衣着辉煌，成家立业有座位。如果生的是女孩，就让她坐在篷席上，给她裹上襁褓，拿陶纺轮给她玩耍，愿长大后，既能心灵手巧纺麻织布，又能操持酒食勤于家务。之后，古人把庆贺生男孩称作“弄璋之喜”，庆贺生女孩称作“弄瓦之喜”。这种庆贺方式也算是一种最早的幼儿启蒙教育了吧。

通过报喜的方式，我们可以看出，古人对性别角色的认同感是非常明显的。男女教育上也存在差异，但有一样是相同的，那就是对新生儿那份深厚的祝福、殷切的期望，从未有过改变。

◎ 洗三朝

婴儿出生到第三天，邻里亲友来道喜，庆贺小儿的诞生。主家设宴款待，最重要的是要举行一个为小儿洗身的仪式，古称“洗三朝”，又称“洗三”“洗礼”，为小儿清洗污秽，有祝福身体健康之意。据史料记载，三日洗儿的习俗，在唐朝就已经非常盛行了。从宫廷到民间，非常流行。唐玄宗开元十四年（公元726年），皇太子李亨的儿子李豫出生，在第三日的洗礼上，唐玄宗高兴得亲自前来，赐皇孙金盆来洗浴。

洗三礼俗，汉族与少数民族地区也各不相同。比如，清朝时期，北方满族人的洗三，非常有特点。洗三的时候，都是由家里的婆婆或产婆来给小儿洗礼，最有意思的是洗礼祝辞，老太太边洗边祈福："洗洗头，做王侯；洗洗腰，一辈倒比一辈高；洗脸蛋，做知县；洗腚沟，做知州。"洗完之后，还要用姜片和艾蒿，擦擦小儿的脑门和身体各个关节，希望小儿身体健健康康。再用一块新布蘸清水，轻轻擦拭一下小儿的牙床，如果小儿大哭，家人就更高兴，代表"响盆"的意思。最后，还得用一根大葱，象征性地打一下小儿，边打还得边诵："一打聪明（取谐音），二打伶俐，三打明明白白。"打完孩子后，由父亲把葱倒挂在房上。仪式结束后，亲朋好友一起道贺祝福。有的地方专门用面条来招待亲友们，有祝福孩子健康长寿之意。

◎ 满月

出生一个月后，对小儿来说意义重大，意味着小儿可以外出去见见世面了，同时产妇也可以出月子了。

这一天，主家要举办一定规模的酒宴，邀请亲朋好友一起庆贺，古人称之为"做满月"，又称"弥月"。富贵人家就更为正式，通常发帖邀请亲朋好友来喝满月酒。

满月礼最重要的一项，就是给小儿剃胎发，也有待到百日才给孩子剃的。虽说是满月或百日剃发，可大家还是会看看黄历，择个吉日。有些地方的习俗，忌讳三十日剃胎发，否则小孩会早夭。有些地方忌丁火日初五剃胎发，据说小孩以后会长得黑。这么说来，难道包青天包拯就是这天剃的胎发？这些习俗一定程度上充满了迷信色彩。

古人给小儿剃胎发，不是我们所理解的用剪刀咔咔铰几下就可以了。古礼要求，剃胎发一般由新生儿的外婆家来主持，请全福之人（父母、配偶、子女全有之人）抱着小儿，坐在行礼处的中央，由专门的剃头师傅为新生儿剃去胎发。

至于发型呢，男女也有区别。据《礼记·内则》记述："三月之末，择日剪发为鬌，男角（jiǎo）女羁（jī），否则男左女右，是日也，妻以子见于父。"孩子出生三个月后，选个好日子，为小儿剪去胎发。按规矩，胎毛不能全剃掉，要留一点。男孩儿留下天灵盖儿两旁的胎发，称为"角"。女孩儿头顶一前一后的胎发不剃，称为"羁"。后世的发型，有的在小儿的额头留"聪明发"，其他地方都铰掉，或脑后蓄一铜钱大的头发，称"撑根发"或"孝顺毛"。剃下来的胎发，不能随便处置。"身体发肤，受之父母"，铰下来的那部分胎发，要留一些，珍藏好，以示对父母的尊敬、孝敬的意思。有的用红绸布缝好挂在床头，有的用胎发制作成毛笔，以此作为纪念。

剃完胎发，小儿的父母都要盛装打扮，最后由父亲给孩子命名。

另外，主家那天要设宴款待，还要向邻居分送喜饼和其他食物。同时，前来祝贺的亲朋好友也会赠送贺礼。传统习俗中，送孩子衣物居多，比如鞋、帽、袜、衣等，上面还装饰上寿星、狗头、虎头等图样。最有特点的就是虎头帽、虎头鞋，外形像虎头，中间绣一“王”字，取虎为百兽之王。一是为孩子壮胆；二是祝福小儿长得“虎头虎脑”，结结实实，健健康康。

◎ 百日

孩子出生一百天，称之为“百日”，又称“百晬”“百岁”。“百”，对我们中国人来说，是一个很有寓意的数字，有“圆满”“百禄”“百福”“百寿”之意。

宴请方式与“满月酒”差不多，亲朋好友也会送糕点、果品，还有送礼金，用红封装上，外边写上“弥敬”二字。生男孩写上“弄璋”；给女孩儿家祝贺，则写上“弄瓦”或“代玲”。

在古代，还有给孩子穿百家衣、戴百家锁的习俗。

什么是“百家衣”？百家衣可不是一件普通的衣服。在古代，衣服的所有布料，都是主家在挨家挨户报喜的时候，同时向各家讨要来的布片，回家后把这些不同的布片拼合起来，缝制成新衣。给新生儿穿上，一直要穿到周岁，此衣因此得名“百家衣”。各家赠送的都是最明丽的颜色，所以百家衣看起来色彩斑斓，非常喜庆。“百家衣”不仅是新生儿父母与邻里亲友之间和睦关系的体现，更凝聚了大家对孩子深深的祝福。

“百家锁”，又称“百岁锁”“长命锁”。最初的百家锁跟百家衣差不多，为了孩子的健康，也是新生儿父母挨家挨户乞讨，大概每户一文碎银得来，然后打造出一把锁的形状，给新生儿佩戴上，这是集百家的祝福，期望孩子能健康成长。后世的百家锁，大多由主家的某位亲友赠送，内涵就更为丰富。有金银也有宝玉，锁上刻着“长命百岁”“富贵之命”“福寿双全”“五子登科”之类的吉祥文字，也有做成如意头形状的，上面刻有莲花、金鱼、桃花、寿桃、蝙蝠等吉祥图案，把对孩子最美好的祝福都刻在了这把长命锁上，以福佑孩子健康成长。

今天，新生儿的百日宴也是热闹非凡。方式上现代融合传统，既有办喜宴也有办西式派对的，有时候孩子也有佩戴长命锁的习惯，只是百日这天还会增加一项，那就是给孩子拍张百日照片，以作留念。

◎ 抓周

抓周，又称试周、试儿，是孩子满周岁时举行的最普遍的仪俗。最早起源于魏晋南北朝时期，到宋代就已经非常普遍了。

抓周仪式是在孩子满周岁这天举行，家长先要在床上或桌上摆放各种物品，如笔、墨、纸、砚、印章、账册、算盘、钱币、首饰、花朵、胭脂、食品等，如果是女孩，还要摆一些女工绣线、针、勺子、剪刀等。抓周的时候，任由孩子自己抓取，先抓到何物，后抓到何物，大人们都非常在意。因为要以此来预测孩子未来的志趣，以及将来从事的职业。比如，孩子抓到毛笔，便推测孩子以后可能爱读书，既然爱读书，也许会金榜题名，走上仕途这条道。如果抓到算盘，也许孩子以后会经商。如果是女孩儿，抓到勺子，以后定是个料理家务的能手。孩子抓取的是好物，家长自然开心。《红楼梦》里贾宝玉抓周，好物件一样不拿，伸手只把些脂粉钗环抓来玩弄，气得宝玉父亲贾政跳脚说宝玉将来必为酒色之徒。

当然，这种用各种物品来算孩子的未来的方式，也只是迷信罢了，之所以充满仪式感，也同样寄托了家人对孩子的一种美好的祝愿吧！

左图◎

明·袁源《抓周图》

◎ 命名

“名以正体”，名是一个人用来标志、正名分的符号。《礼记·檀弓上》曰：“幼名，冠字，五十以伯仲。”人的一生，幼儿时有小名，等到了行冠礼之时就取字，等到了五十岁以后就用“伯、仲”等字相称呼。

小孩的小名，古时一般都是由家里的祖父，或父亲给取。小名，就是孩子的乳名，是婴儿哺乳期所取的名。一般小名都比较随便，仅用于父母兄弟姐妹，偶有亲戚和熟人好友称呼。外人不能叫，晚辈就更不能叫了。大名，也叫正名、学名、族名。一般是儿童入塾时，启蒙老师给取的名，俗称“书名”。在应试、取士的时候，都要用这个名字，并且终身不能改。

如果某人行了成人礼，肯定就有了“字”，从此以后在社会上，别人不能直呼其名，而应该以“字”相称，“名”只能自称或家人称呼。这与今天直呼其名正好相反。至于其他各种名号，在古代并不是每个人都要有的，现代人就更不用说，基本上已经消失了。

在古代，取名字也有一定的避讳。《礼记·内则》说：“凡名子，不以国，不以日月，不以隐疾，不以山川。”凡是给人取名，不用日月山川、国名，更不能用身体的隐疾来取名。给孩子取名字，古人有两种途径。一种是以五行，即金、木、水、火、土来命名；另一种则是按家谱、族谱中的辈分次序来取名。

古人用五行看新生儿的生辰八字，分析孩子五行的旺衰，缺啥名字里就补啥。或采用“五行相生”的顺序，取金、木、水、火、土偏旁的字，来作为名。如果父亲取土字旁的名，那么儿子就取金字旁的名，孙子就取水字旁的名，按土生金、金生水这种五行相生的顺序，古人认为这样显得有序。

古时传统取名，还有按着自己家谱记载的辈分，再结合五行相生来取名的。说得具体一点，就是按照“姓+家族辈分+名”这种形式，使用辈分里的字来取。目的是便于在同族中排行辈，以字定辈分。而辈分是同宗族谱里面一代又一代传下来的，是约定俗成不能改的。比如，在同族同一辈分中的字为“吉”，那么同族同辈里的堂兄弟姐妹的名字中，也都嵌一个“吉”字在里面。那么到了下一代，同辈分的字是“高”，则所有平辈里的孩子的名字里，都要加进去一个“高”字。这样一来，论“字”排辈，长幼有序，一目了然。

当然，同宗族谱每一代辈分的字，都是有深刻寓意的。数千年来，古人一直都是父亲命名，长辈取字。每一个名字都包含着对后代的勉励、告诫和深深的祝福之意。但随着时代与社会的不断变化，今天我们给孩子取名字，大多都不再遵守祖辈留下的传统，想取什么名字就取什么名字了。

◎ 家教之道

我国传统教育很重视育儿和家教。孔子教育孔鲤时的“庭训”，便是家教的代名词。《礼记·学记》有云：“玉不琢，不成器；人不学，不知道。”古代的家长对这一点是非常明白的。《礼记·学记》说：“古之教者，家有塾，党有庠（xiáng），术有序，国有学。”古时孩子的求学，有四种之多，家里叫塾，乡办的叫庠，教专门技艺的叫序，国家办的叫学馆。一般人家的孩子只能进私塾、义塾学习。贵族家的子弟可以在自己家塾学习，专门请老师来家里教。孩子的学习基本上分两个阶段，“小学”和“大学”。

小学，其实就包括家教在内，内容都教些什么呢？《礼记·内则》曰：

> 子能食食，教以右手。能言，男“唯”，女“俞”，男鞶（pán）革，女鞶丝。六年，教之数与方名。七年，男女不同席，不共食。八年，出入门户，及即席饮食，必后长者，始教之让。九年，教之数日，十年，出就外傅，居宿于外，学书计，衣不帛

> 襦袴，礼帅初，朝夕学幼仪，请肄简、谅。十有三年，学乐，诵《诗》，舞《勺》。成童，舞《象》，学射、御。二十而冠。

从文中可以看出，古代的家教有自己的一套方式方法。家长根据孩子的年龄特点，有针对性地、循序渐进地教育。孩子在幼儿时期，开始能吃饭的时候，家长便开始教孩子怎么用右手拿筷。开始学说话的时候，要教男孩说“唯”，教女孩说“俞”（“唯”和“俞”是两种恭敬有礼的应答之声），并且给男孩佩戴用皮革制成的小囊，给女孩佩戴用丝织成的小囊。等孩子到了六岁，教他们识数和识别方向。七岁时，男孩和女孩就不能同席而坐，也不能同席吃饭。八岁时，开始教他们礼让，要让孩子知道，不管是出门还是进门，或者就席而坐的时候，必须让长者在先，自己在后。九岁时，教他们怎么计算日期。十岁的时候，男孩要外出求学，住宿在外，学习写字和记事。着装方面，不穿帛（丝织品）制成的衣服，在外遵循以前在家学习的谦让之礼，礼貌对待他人。每天要向老师请教初级的礼仪，从中学习、领悟简单的信用和诚实。十三岁，要开始学习礼乐，诵读诗书，学习《勺》舞。到了成童时，要学习《象》舞，以及练习射箭和驾车。二十岁举行冠礼。

总的来说，“小学”阶段，教育注重德艺行仪居多，到了“大学”，学习内容以“礼”“乐”“射”“御”“书”“数”为主，甚至涉及军事，比如射、御就是射箭和驾车的学习。今天的家长也许会感叹，小小年纪还要学这种危险的技艺。实际上，这是古时孩子成童时，必须学习的技能，比如射箭是军事训练，学习要达标有五个规范：一要“白矢”，就是射箭要透靶，从后面要看到箭头穿过，这个规则练的是重力。二要“参连”，先射一箭，再紧跟着连射三箭，都要射中，练的是速度。三要“剡（yǎn）注”，就是要让箭能穿过物体，重在锋利。四要“襄尺”，尊者与卑者同时射，不能并肩而立。卑者须稍后站，表示尊卑有礼。五要“井仪”，射四箭，都要射中并呈“井”字形状，练的是准确。至于学习驾车就更难了，也有五个规范。第一个，“鸣凤鸾”，也就是说驾车时要使车铃和“鸾”，声音优美和谐，不能叮叮当当乱响一通。第二，“逐水曲”，要沿着弯曲的水沟边驾车，不可以让车轮掉进水沟里面。第三，“过君表”。驾车要通过一道模拟的辕门，要准确不偏，不得与障碍物发生碰撞。第四，“舞交衢”，衢是道路交叉口，驾车经过衢时，行车旋转要掌握技巧，不小心有可能冲出道路，“翻了车”。第五，就是最需要技术的高级别训练，“逐禽左”。驾车追赶动物，要让动物往左边跑，这样有利于在车上射箭。不得不说，这比我们今天去驾校学习开车难多了。

总的来说，对于孩子从小的教育，古人讲究教授加示范。幼童时期，先培养生活的基本自理能力，以及起居训练，言语理解，恪守礼义，尊老敬长。同时，古代的家长也跟今天的家长一样，很在乎环境对孩子成长的影响，也会想尽一切办法选择好的邻居和好的校区，比如“孟母三迁”就是一个很好的例证。古人还注重家长言教与身教的结合，以身作则培养孩子良好的品德。比如《曾子烹彘》的典故，曾子用自己的行动，来教育孩子要言而有信，信守承诺。曾子的夫人要到集市去赶集，孩子哭闹着要一起去，没办法，她开玩笑说：“你乖乖待在家里，等母亲回来，给你杀猪吃肉。”孩子一听，信以为真，自然很高兴，便乖乖地在家里等着。等曾子夫人从集市回到家，看见曾子正在捉猪来杀，她急忙劝阻道：“我只不过是跟孩子随便这么一说，哄哄他罢了。”曾子说：“这可不行，孩子年龄小，没有判断的能力，不知道你在开玩笑。孩子从小都会从父母身上学习一言一行。现在欺骗他，就是在教育他以后也可以随便这么去欺骗别人。”于是曾子真的把猪给杀了。

古人的教育方式，并不是一味强调子女只读书识字，而忽视对其道德伦理的培养，尤其是传统家教，以孩子的人格教育为先，注重行为规范。强调在家孝顺父母、敬重兄长、尊敬长辈。教子克勤克俭、吃苦耐劳。诫子为人处世方正廉洁、容忍克制、谦卑有礼等，这些家教内容，都是我们今天的家长们值得学习和借鉴的。

冠礼

束发加冠，示成年

已冠而字之，成人之道也。

——《礼记·冠义》

冠礼，又称成人礼。行此礼的目的，在于标志着一个人开始享有成年人所拥有的权利，并承担相应的义务。那么应该具备什么条件的人，才能算得上是成人、是完美之人呢？孔子曰："若臧武仲之知，公绰之不欲，卞庄子之勇，冉求之艺，文之以礼乐，亦可以为成人矣。"（《论语·宪问》）孔子理想中的完美之人，是通过后天教育与修养，可以把握仁、智、勇"三达德"成为全面发展的人。既要具备臧武仲的智慧、公绰的清廉、卞庄子的勇敢、冉求的多才多艺，又要经过礼乐的熏陶，有文采有品位，这样才能成人。如果达不到以上标准，那至少应该做到"见利思义，见危授命"，即使处在长久困顿中，也不忘平日的诺言。理想的成人思想，一定是君子人格。其实，这样的成人太完美了，不是所有的人都能做到的，但是至少体现了古人对于培养君子人格、追求圣贤的境界和要求。而古代男子成年之际举行的冠礼，不单单只是一场仪式，而是儒家思想"成人"教育开启的第一步，可见古人的良苦用心。

《礼记·曲礼上》载："男子二十，冠而字。"男子二十岁行加冠礼，并命字。早在西周和春秋时期，凡是贵族男青年到了成年之际，都要行成人礼。据《史记·秦始皇本纪》中说，秦王嬴政冠礼已经二十一岁了，算是比较晚的。

古代的冠礼，又称“结发礼”。之后的“未冠”“冠岁”“已冠”“冠士”“弱冠”这些说法也都来自于此。为何一个成年要弄得如此复杂，还要举行仪式？“冠者，礼之始也”，古人认为，二十岁左右的年龄，正好是一名男子角色转换，进入另一种人生的开端。成年的青年，不仅可以结婚生子，还可以参加社会活动，还有资格参与本氏族的宗庙祭祀，甚至有权利管理各种事务，等等。所以《礼记·冠义》说：“已冠而字之，成人之道也。”古人要通过这种加冠礼的形式，来告诫、教育成年青年，既已成年，自己要开始独立承担一定的家庭与社会的责任。要开始以成年人的礼规，来约束、规范自己的言行举止，同时周围的人也会用成年人的方式和态度，来与你相处待之了。按照“为人子，为人弟，为人臣，为人少者”四方面礼规加以约束，做一个具有“孝、悌、忠、顺”品德的人，是一名青年人踏入社会最重要的自律行为。所以古人说：“冠子不詈（lì），髦子不笞（chī）”，成人子弟不能轻易打骂，便是这个道理。

◎ 冠礼特征

冠礼一般在宗庙内举行。

行冠礼时，除了事先要占卜求个黄道吉日以示隆重外，加冠礼还有几个特点：第一，需要变换发型。第二，需加三次冠，换三次礼服。第三，取字以示成年。

冠礼为何要束发?

古人对自己的头发，不像我们现在，自己的发型自己做主。古时候不一样，不同的年龄就要梳不同的发型。在“诞生礼”一节中也提到过，小孩的头发除了满月或百日剃一次胎发，之后就很少剃发。小孩子的主要发式，就是让它自然披垂下来，古时称之为“垂髫（tiáo）”，常作为孩子的代称。随着年龄的增长，孩子的头发越来越长，怎么办呢？大人们就把头发挽成两个发髻，分别盘在头顶左右两侧，看起来就像两个角，古时称“总角”或“总发”。待少年长到二十岁左右，“总角，收髻结之”（郑玄《礼记正义》）。就要把总角散开，在头顶绾成一个发髻，同时戴上冠冕，然后换上成年人的礼服，以示告别童年，迈入成年。

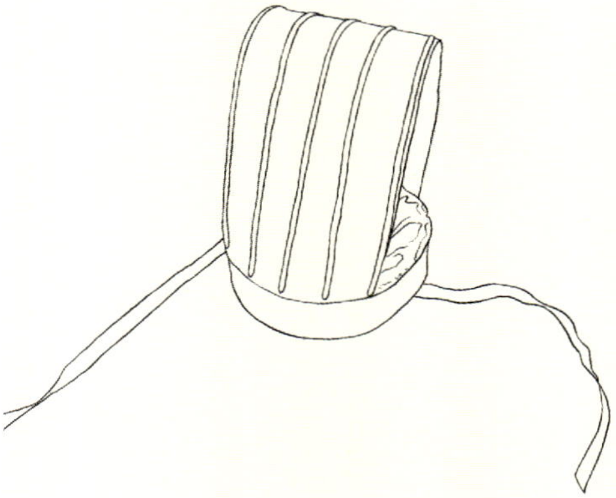

上图◎ 缁布冠

加冠需加哪三顶?

一般士人的冠礼有“三加冠”。诸侯则需“四加”，也就是在士冠礼的基础上，再加一顶玄冠。如果是天子，那就得“五加”了，即在诸侯“四加”的基础上，还需要再加一顶衮冕。至于普通百姓家的男子，“一加”缁布冠就可以了。缁布冠与玄端服搭配，皮弁冠配皮弁服，爵弁冠配爵弁服。下面我们以士冠礼为例，简单介绍一下要加的三顶冠。

始加，缁（zì）布冠。

“缁”，黑色的意思。缁布冠是一种用黑布制成的冠。上古时期先民们没有帽子，就用一块白色的麻布戴在头上。到了参加祭祀的时候，就把白色染成黑色。为什么加冠礼第一次加缁布冠？古时加缁布冠，象征着受冠青年从今往后就有了政治权，同时告诫青年不要忘本，不要忘了先辈们创业时的艰辛。既已成年，就要更加努力加强自身修养，这样才能持家、治国。“而且从诸侯到士，一律如此。但这也仅是保存古礼，所以，缁布冠只在仪式上应用一下，用过后就废弃。到实际应用时，就改戴玄冠。玄冠就是由缁布冠发展

上图◎　皮弁冠
下图◎　爵弁冠

而来，它只是改用黑帛制成，结构略有改变而已。"[注13]

再加，皮弁（biàn）冠。

是受冠者加的第二顶冠，用白鹿布拼成，形制似瓜皮帽。与缁布冠相比较，皮弁冠要稍尊贵一些。春秋时期贵族们田猎时常戴此冠。受冠者加戴皮弁冠，说明能入仕途，也有服兵役的义务。

三加，爵弁冠。

多用于祭祀以及庄重场合，比缁布冠、皮弁冠地位都要尊。加爵弁冠的目的，表示从此青年人有参与祭祀的权利，希望受冠者以后，要懂礼明礼，更要敬事神明。

最后，已冠而字之。

古时有"童子无字"的说法，冠者的名是在幼年时期由父亲或祖父来取的。一旦成年，不仅要有自己的名，还要有属于自己的字。古人有没有"字"，是一个人是否成年的标志。若没有"字"，则意味着未成年。《礼记·冠义》云："已冠而字之，成人之道也。"只有行了冠礼，加了冠，最后取了"字"，才预示着已成年，同时取字也是进入社会的一种符号。不过，与我们今天的直呼姓名不同，在古代，自己的名只能是父母、长辈或国君称呼，其他外人是

【注13】杨宽：《古史新探》，上海人民出版社2016年版，第252页

不能直呼其名的，只能称其字。比如诸葛亮，字孔明。那么外人就得称其为“诸葛孔明”，而不能称其“诸葛亮”。再如唐代诗人李白，姓李名白，字太白。外人只能称呼他为“李太白”，而不直呼“李白”。

◎ 礼前准备

古代冠礼是嘉礼中最重要的仪式之一，都是公开进行的，所以还要邀请很多德高望重的人或者亲朋好友来参加，仪式庄重而复杂。

周制冠礼的时间，大多数都会在春季二月举行。仪式地点因人而异，比如天子加冠，要在始祖庙堂举行。诸侯加冠，在太祖之庙。士冠则在祢庙。一般贵族人家都在自己的“家庙”里行冠礼。至于没有家庙的庶民，就在屋子的东边搭建一个东房出来，以备加冠礼使用。下面是《仪礼·士冠礼》记载的以“士冠礼”为例的仪程。

卜筮

《礼记·冠义》云：“古者冠礼，筮日筮宾，所以敬冠事。”

古人对冠礼的时间、地点以及加冠者的选择，都是十分慎重的。

冠礼前，都得“筮日”，就是由筮人在家庙里，用蓍草、蒲席和记爻、记卦所用的卜具，来占卜一个行礼的吉日。

然后“筮宾”，步骤与筮日一样。也是由加冠者的父亲，通过占筮的方法，从亲朋好友中选择一位德高望重的人作为正宾，帮助青年加冠。

戒宾

戒，就是告知、通报的意思。冠礼日期确定后，加冠者的父亲需提前三天通知各位宾客，邀请他们届时前来观礼。

尤其是正宾，冠礼之日是必须要到场的，否则冠礼就不能进行。为了保证正宾能准时参加，主人一般会提前一天，专程到正宾家里去，再作一次特别的邀请。除此之外，还要去协助正宾执行冠礼的助手家里，邀请并通知时间。这位宾称为“赞冠者”或“宾赞者”。

从选择日子、选择正宾的仪节可以看出，古人对成年礼是十分重视、认真对待的。

准备

行礼之日早晨，仪式上要用到的所有物品，提前准备就绪。

器物的摆设。清晨早起，在正对东屋的地方，设置“洗”。其实就是我们现在接水倒水用的盆，东边放上盛水器。

冠服的放置。行礼用的冠和礼服，在东房内并排摆好叠好，

衣领朝东，依次由北往南陈列，放在东房内的西墙下。最北边放爵弁服，然后往南，是稍尊的皮弁服，再往南放置地位最卑的玄端服。

配饰的放置。宾（正宾）所坐的蒲苇席旁边，放置一个篚（fěi，竹筐）。里面有加缁布冠时，用来束发的頍（kuǐ）项，系结在頍上的青色冠缨，包头发用的黑色束发巾，还有加皮弁、爵弁冠所用的两端配有黑丝冠带的两根簪子和梳子。

酒器放置。仪式中要用的醴酒（相当于今天的甜酒）备好。觯（饮酒器具）、勺、匕都放在篚里。祭礼时的干肉和肉酱，放在笾豆（竹器）里。

为将冠者铺席。赞者要事先把行礼时用的席铺好。将冠者的席，铺在东序稍微靠北边的位置，且席面朝西。

为将冠者梳头。主要是把将冠者原来的儿童发型，解开重新梳理，梳成成年人的发型，发式挽成发髻，发髻上加簪，用簪子固定住，最后用黑色的帛，把发髻包好后，等着正宾为其加冠。

参礼者站位。首先是将冠者，要身穿采衣（童子之服），头梳儿童发式。在东房内，面南而立，等待冠礼的开始。其父，也就是主人，身着玄端服，站于东阶下边，面西而立。另有傧者，身穿玄端衣，背朝东塾（大门内东侧的厅堂）站立。还有三位有司，各捧一

上图◎ 冠礼

只装冠竹器。三人从西阶的第二级台阶，依次往下站立。到时候三位有司的任务就是，每加一次冠时，把手里的冠依次递给宾。其他观礼者，则身着玄色衣裳，站于洗的东侧，面西而立，以北为上首。

◎ 冠礼的正礼

行冠礼的大体程序为：将冠青年，穿着采衣，先立于东房中等候。其父，请宾入庙就位。将冠青年也出房就位。仪式过程中，负责加冠的宾，把规定的冠给青年带上，同时穿上相应的服饰。共加冠三次，称为始加、再加、三加之礼。礼毕，然后宾以酒关祝贺青年。青年饮酒后，从西阶下，先拜在外等候的母亲，之后回到西阶以东，由宾取“字”，于是礼成。具体士冠礼程序，详述如下。

始加缁布冠

就位：站在西序南端的宾，面朝东，对将冠者拱手一揖，请他入席。将冠者行礼后，在自己的席上坐下。

盥洗：宾从西阶下先洗手，再回到堂上，然后走到将冠者的席前坐下，为其整理一下头上的帛，以示礼敬。

加冠：然后起身，由西阶往下走一级台阶，从有司的手中，接过缁布冠。走到将冠者席前，为其端正仪容，口念祝辞训诫道：

> 令月吉日，始加元服。弃尔幼志，顺尔成德。寿考惟祺，介尔景福。

大概意思是，今天这样一个好日子，你戴上了缁布冠，意味着你已成年，从今以后，你必须加强自身修养，培养良好的品德。祝你平安、健康、吉祥，上天降福于你。冠者应答，表示对正宾的勉励和教育谨记在心。祝毕，宾为其戴上缁布冠，由赞者为冠者系好冠缨。

宾对他拱手行礼，示意冠者可以回到东房了。冠者叩谢，回到东厢房，脱下身上穿的儿童采衣，换上与缁布冠相配套的玄端服。换好后走出房，南面而立，向来宾展示。“一加之礼”完成。

再加皮弁冠

赞冠者在东房内为冠者摘下缁布冠，并为其梳头，插上簪子。冠者再次回到冠者之位。

宾二次下堂洗手，上堂为冠者整理头上的帛。然后从西阶下两级台阶，从有司手中接过皮弁冠，回到冠者面前，为其端正仪容，口念祝辞训诫道：

> 吉月令辰，乃申尔服。敬尔威仪，淑慎尔德。眉寿万年，永受胡福。

大概意思是，今天这良辰吉日，再次为你加冠，你要好好端正自己的仪容仪表，更要完备自己的德行，愿你长久吉祥，永受洪福。冠者应答，以示谨记。

祝毕，为其换上皮弁冠，赞者为冠者系好皮弁冠两侧的带子。正宾对他行拱手礼，示意再回东房更衣。冠者叩谢，回房换上皮弁服，再次走出房间，南面，向宾客展示。“再加之礼”完成。

三加爵弁冠

冠者再次回到冠者之位，宾同样从西阶下三级台阶，从有司手中接过爵弁，回到将冠者面前，为其端正仪容，口念祝辞训诫道：

> 以岁之正，以月之令，咸加尔服。兄弟具在，以成厥德。黄耇（gǒu）无疆，受天之庆。

大概意思是，在这吉祥之月，为你加冠。要兄弟和睦，修为德行，要成熟起来。愿你长寿吉祥，广增洪福。冠者应答，以示谨记。

祝毕，为其加爵弁冠，赞者协助冠者系好皮弁冠两侧的冠带。宾对他行拱手礼，示意回东房再次更衣。冠者叩谢，回房换上爵弁服，第三次走出房间，南面，向宾客展示。“三加之礼”完毕。

总观整个冠礼过程，共有“三次加冠”。第一次加的缁布冠，意味着青年有政治权。皮弁冠稍尊，意味着有入仕途行兵役的权利和义务。爵弁冠最尊，意味着青年有宗庙祭祀的权利。一次比一次郑重，一次比一次贵重。《礼记·冠义》云：“三加弥尊，加有成也。”古人这么安排是有一定道理的。这是告诉冠者，随着加冠一次比一次贵重，要接受自己的新身份，重新定位自己的角色。以后自己的修养德行，也要越来越好。每次宾诵念不同的祝词，也表达着前辈对冠者的训诫和良好的祝愿。

醴礼

三加冠后，宾要以醴祝青年。

赞者先撤去刚才使用过的皮弁、缁布冠、梳子、筵席等物品，放入房内。此时，主人的助手，在西边堂上布置好醴席，面朝南。赞者则在房中准备好醴酒。

醴礼时，宾对冠者作揖行礼，请冠者即席，冠者站在席的西端，面朝南方。然后入席，面南。赞者从东房捧觯出来，宾接过觯，走到醴席前面，面北走到冠者席前，祝辞：

> 甘醴惟厚，嘉荐令芳。拜受祭之，以定尔祥。承天之休，寿考不忘。

大概意思是，这里有甘甜的美酒，有上好的脯醢（hǎi）。请拜而受觯，祭上脯醢和醴酒吧，以奠定你的福祥。承受着上天的祝福，长寿之年犹不忘怀。冠者行拜礼，接过觯。

冠者入坐，左手持觯，右手取干肉蘸肉酱，行祭食礼，感谢先祖造出这么好的食物，以示不忘本。然后，用角质的小匙，从觯中舀出醴酒，浇地而祭，反复向先祖祭醴三次，同样表明感谢造出这么美好的食物，以示不忘本。然后站起，到席的西端坐下，浅尝一口醴酒。饮用完毕，冠者起身离席，向宾行拜礼，表达谢意，正宾答拜还礼。

拜见母亲

三加冠后，要去拜见母亲，表达敬意，感谢母亲的养育之恩。

母亲以成人之礼回拜，冠者拜送母亲，母亲则再次回拜。

取字仪式

冠者拜见母亲后，要回到堂上，等候宾为冠者取字。

宾从西阶下堂，站在正对西序之处，面朝东。冠者则在西阶下，也就是宾的东侧，面朝南而立。宾为冠者取表字前，也得先致祝辞：

> 礼仪既备，令月吉日，昭告尔字。爰字孔嘉，髦士攸（yōu）宜。宜之于嘏（gǔ），永受保之，曰伯（或仲叔季）某甫。

大概意思是，在这么美好的日子里，宣布你的字。你的字，寓意很好。愿给予你福佑。你的字，就叫“伯某甫”。这里，伯、仲、叔、季，在古代是兄弟长幼的排序，“伯”就是家里的老大，年龄最长，“季”最小。某，是冠者的字。甫，是对男子的尊称，一般可以省去，比如孔子，原字仲尼甫，通常把甫字省去了，只称“仲尼”。到底是称“名”还是“字”呢？《礼记·曲礼上》曰：“男子二十冠而字，父前子名，君前臣名。”郑玄注：“对至尊，无大小皆相名。”臣下朝见皇帝时必称名，父母、兄弟姐妹可称自己的名，其他人只可称字，不可直呼其名。

拜见尊长

取完字后，冠者先要去拜见诸位亲戚。比如姑姑、姐姐，家里的女眷们等。“见于母，母拜之；见于兄弟，兄弟拜之；成人而与为礼也。”（《礼记·冠义》）一番拜见后，意味着从今天开始，冠者就是家中的成年人了，行为举止，待人接物，一切按照成人礼仪进行。接着，冠者还要换上玄色的礼帽礼服，去拜见众亲戚，正式以成人的方式行礼，先向众亲戚行一拜礼，亲戚也向冠者行再拜礼，冠者答拜再还礼。之后，冠者还要去拜见赞者。

拜见君、乡大夫、乡先生

冠者脱去爵弁服，戴上玄冠，穿上玄端服，携带着“雉”（古代初次求见的礼物，最原始为雉鸡），以成年人的身份，去拜见国君、乡大夫、乡先生。然后，冠者便回家换下爵弁服，换上玄冠、玄端服和雀色蔽膝，持雉鸡一只，前去拜见国君。臣子赠送礼物给国君，不能亲手授予国君，因为臣不能授君，卑不能凌尊，必须把雉鸡放在地上，由侍者转送给国君，方才完成拜见国君的礼仪。最后，冠者还要持雉鸡分别拜见卿大夫和乡先生。乡先生，即退休还乡的卿大夫。此即《冠义》所谓："玄冠、玄端，奠挚于君，遂以挚见于乡大夫、乡先生，以成人见也。"至此，拜见尊长的礼节完毕。

送宾归俎（zǔ）

主人在家以酒款待宾，并宴请众宾客。此外，冠者家里还要备上礼物（帛五匹、鹿皮两张）作为报酬，送给正宾，感谢给冠者加冠，以示辛苦和谢意。宴席结束后，宾告辞退出。主人送宾到大门外，两拜告别。同时还要派专人把礼俎，送到宾的家中。

冠礼就此结束。

整套冠礼仪程，繁杂细微，背后却体现了古人对冠礼的重视程度。《礼记·冠义》云："冠者，礼之始也。"古人把冠礼看作是礼的开始，也是人生嘉礼的第一礼。冠礼在某种程度上对成年青年起到了教育作用。加冠后，冠者要以成人的身份，开始为人子、为人弟、为人臣、为人晚辈，行礼仪之事，才有资格参与其他社会事务活动。所以，历代上至圣王、诸侯，下至平民百姓，对冠礼都极为重视，把冠礼看作是成年之际人生礼俗中的一项盛典。

笄礼

笄而字之，示许嫁

女子十有五年，许嫁，笄而字。
——《礼记·杂记》

笄礼，是古代女子的成人礼。《仪礼·士昏礼》载：“女子许嫁，笄而醴之，称字。”周代《礼记·内则》称：“女子十年不出，十有五年而笄。”指的就是女子在十五岁时，要举行笄礼，以示成人。笄礼时要解开头上的童式发辫，梳洗后挽于头顶，束髻插簪。不过《礼记·杂记下》载：“女虽未嫁，年二十而笄，礼之，妇人执其礼，燕则鬈（quán）首。”女子最迟到二十岁，即使未嫁，也要举行笄礼。

依循古礼，女子的订婚年龄，以十五岁为期。如果十王岁就已许嫁，则在订婚后出嫁前，给女子行“笄礼”，又称“及笄”礼。若未许嫁，那么到了二十岁时，再行笄礼，表示女子已成年，到了婚配的年龄，可以许嫁。

“笄”，是古代女子用的一种发饰，主要用来固定发髻。古代女子一般从小就留长发，长长后，跟男孩儿一样，也得把头发在头顶两边，梳成两个对称的小髻。到了行成年礼时，把幼年时期两个发髻的发式，改梳成一个发髻，然后插上笄固定住，古时又称“上头”，因此古人把女子成年称为“及笄之年”。不过，后世女子都是到了结婚时才“上头”，会将双环合成一个发髻。

◎ 玉笄

◎ 笄礼特征

关于古代笄礼，古籍文献记载的不太多，有的只是寥寥数语。据郑玄《仪礼·士昏礼》中注解：“笄，女之礼，犹冠男也。”大体和男子的冠礼差不多。笄礼大部分的嘉宾，是自己的亲戚，也是在家庙中进行。参礼人员有主持人，一般由母亲担任，还有正宾、有司、赞者、众宾等。

◎ 镶宝石簪

笄礼的整个程序，如同男子行冠礼一样，女子行笄礼，也有“三加”“三拜”。始加笄，再加簪、三加钗，与之相配套的衣裙，也要随之更换。每一套服饰都有不同的含义，分别象征着少女不同的成长过程。比如，在行笄礼前，少女仍旧要穿儿童款式的采衣，色彩明丽活泼，象征着孩童的天真烂漫。

◎ 钗

初加发笄。笄，是用来固定发髻或固定弁、冕冠的。第一次，插上发笄后，女子回房间，换上与之相搭配的素色襦裙。为何第一套采用素色？因为颜色的浅淡素雅，象征着少女的纯真，意味着少女豆蔻年华的第一步成长。

再加发簪。簪，也是用来绾发髻的，也可以定冠，但比笄的形状，显得华美一些。古时的簪有两种，一种很实用，就是固定发髻和冠的，没有过多的装饰，比如今天道观里的道士头上插的就属这种。还有一种兼有装饰性，簪头上的造型多种多样，有珠花型、凤头型等。不管款式怎样，宾为少女第二次加簪后，与之搭配的是一套深衣曲裙。这套裙的色彩比第一套襦裙要明亮些，象征着花季少女的青春靓丽。

三加钗冠。钗与簪，最典型的区别就是，簪是单股，钗为双股。第三次加钗后，少女换上的是一套大长袖的曲裾深衣，华美隆重，一般为女子的礼服，象征少女的典雅端丽。

◎ 礼前准备

根据古籍文献记载，仪式程序整理如下。

卜筮、戒宾

笄礼的准备，和男子的冠礼一样，也要“筮日”“筮宾”。选择吉日和正宾人选。尤其是在选择三宾这件事情上，也是很严谨的。正宾，毕竟是为笄者加笄之人，所以会选择一位贤良淑德的女性来担当。吉日和正宾选择好后，在行笄礼的前三天，通知众宾，并着手准备行礼事宜。

物品准备

当日，要把仪式中用的物品都准备好。比如发笄、发簪、钗笄、梳子都要放置在一个托盘里。与之相配套的衣服需要整齐地陈列在东房正中的桌子上，酒注、盏盘备齐。大厅还要设置盥洗处。

参礼者站位

待笄礼的全部准备工作就绪后，所有参加人员按照特定的要求和秩序入位。将笄者，先沐浴以洁净，然后穿上儿童采衣采履，在东房内面南而坐，等候仪式开始。将笄者的母亲，也是仪式的主持人，需着盛装，在阼阶下稍偏东的地方，面向西就位。来参礼的各众宾、亲戚、家仆等，站在其后，排成行，面西而立，以北为上。有司端着装有发笄、发簪和钗笄的托盘，立于西面台阶下。

◎ 笄礼的正礼

与冠礼相同，主妇出门迎接宾，引领登阶上堂。宾的位置在西阶偏西的地方，面东而立。

始加发笄之礼

首先，笄者就位。仪式开始时，将笄者从东房内走出，走到场地正中，先面南，向观礼宾客行揖礼，然后，面西而坐。

接着，盥洗梳妆。宾此时走下西阶，在盥洗处洗手。赞者开始为将笄者梳头，也就是把小女孩的总角发式散开，重新梳成成年女子的发式。梳妆完毕，笄者转向东正坐。

然后是加笄。梳好后，宾从有司手中接过罗帕和发笄，走到将笄者面前，诵祝辞：

> 令月令日，始加元服。弃尔幼志，顺尔成德。寿考惟祺，介尔景福。

意思跟冠礼上一样，都是作为长辈对晚辈的训诫，教导女孩子从今往后做事不能像孩子那样幼稚了，要做一个贤良淑德、有德行之人。祝辞完毕，宾跪坐下，为将笄者梳头加笄。之后，宾回到原位。赞者则帮助笄者，象征性地正一正发笄。

最后行一拜礼。笄者接受众宾的祝贺后，回到东房，脱下孩童穿的采衣，换上色浅素雅的深衣襦裙。出房向来宾展示。然后面向母亲，行正规揖礼。这“一拜”，拜父母，感谢父母的养育之恩。

及笄礼

对页图◎ 及笄礼

再加发簪之礼

笄者着襦裙，回原位面东正坐。宾再次洗手，再次复位。有司奉上发簪，宾接过，再次走到笄者面前，诵祝辞：

> 吉月令辰，乃申尔服，敬尔威仪，淑慎尔德。眉寿万年，永受胡福。

祝辞毕，赞者为笄者去掉发笄。宾跪下，为笄者加簪，然后起身归位。赞者帮助笄者，象征性地正一正发簪。

笄者起身，行拜礼。接受众宾的祝贺后，回房，脱下襦裙，换上曲裾深衣，出房向来宾展示。面对宾，也就是为之加笄之人行拜礼，这第“二拜”，行尊师重道之礼。

三加发钗之礼

笄者着曲裾深衣，回原位面东正坐。宾洗手，再次复位。有司奉上发钗，宾接过，再次走到笄者面前，宾诵祝辞：

> 以岁之正，以月之令，咸加尔服。兄弟具在，以成厥德。黄耇（gǒu）无疆，受天之庆。

祝辞毕，赞者帮助笄者象征性地扶一扶发钗。

笄者起身，行拜礼。接受众宾祝贺。再次回房，更换上另一套长袖礼服。换好后，笄者出东房，向众宾展示。笄者面向家庙，行正规拜礼，这是第三拜，拜的是先祖，以示传承家训的决心。

取字

女子“三加”“三拜”结束后，与男子冠礼相同，女子在童年时期只有姓名，没有“字”。所以，为了成年后称呼的方便，笄礼结束之后，正宾也要给笄者取一个“字”。当然，还没有许嫁的女子，是没有“字”的，也不会给她取“字”，所以在古代把还没有许嫁的女子，称为“待字闺中”。

若要取“字”，古人对女子也不会马虎。同样，正宾要从西阶下阶，面东而立。而主妇则从阼阶下阶，面西而立。笄者从西阶下阶，站在偏东的位置，面向南，等候正宾取“字”。

宾走近笄者并致辞：

> 礼仪既备，令月吉日，昭告尔字，爰字孔嘉，女士攸宜，宜之於嘏（gǔ，福的意思），永受保之，曰伯（或仲叔季）某女。

大概意思是，今天这样好日子，为你取了字。这时，笄者要应答以示敬意：“某虽不敏，敢不夙夜祗来。”

醮礼

一般男子冠礼取好字后，要去拜见母亲、兄弟姐妹及乡先生等，而女子取好字后，则要行“醮”礼，就是拜祭天地神灵。

正宾向笄者行揖礼，笄者则就座于席上偏右的位置，面向南而安坐。然后，正宾取酒到笄者席前，向北面念祝辞曰：

> 旨酒既清，嘉荐令芳，拜受祭之，以定尔祥，承天之休，寿考不忘。

笄者向宾再行拜礼，礼毕直身。宾归位后，面东行答拜。然后，笄者面向南，接过酒盏。入席跪下，把酒一部分撒在地上，拜祭天地神灵。剩下的酒，自己象征性地沾沾嘴唇即可，再把酒放置在地上。接着，有司上食物，笄者祭食。笄者再次面向西，向宾行拜礼，宾则面向东答拜。

拜谢 醮礼后，笄者还要跪于父母前，接受父母的教诲，然后起身与父母一起向来宾行拜礼，以感谢大家抽空来参加。最后，主妇以酒馔礼宾，以币（帛）酬谢，拜谢。

礼毕。从此，一头长发，一支钗，女子将以不同的生活方式，来面对自己的未来！

◎ 成年礼仪

我国古时又称为“冠带之国”。对冠、笄与取字之礼的重视，其实在某种程度上，对成年青年来说，有非常重要的启示和教化作用。

成年礼上的庄重肃穆，青年一次又一次地正衣冠，一次又一次体验着身份的“蜕变”，最后完成自幼至成人的角色转换。仪式背后是长辈的训诫与期望。《礼记·冠义》云：“成人之者，将责成人之礼焉也。责成人礼焉者，将责为人子、为人弟、为人臣、为人少者之礼行焉。将责四者之行于人，其礼可不重与！”行完成人礼后，从今往后，青年的言行举止，要抛弃孩子的幼稚，用成人之礼来待人处世，孝顺父母，兄弟友爱，对君尽忠，对长恭敬。要爱护自己以及宗族的名誉，懂得自我约束，提高自己的修为，以后遇到任何困难或挫折，都要承担起应有的责任和义务。

右图◎
《梅窗仕女》
清·焦秉贞

成年礼在先秦时期有极高的文化地位。但随着历史的不断变迁，经历五代十国、唐宋两代后，一路踉踉跄跄、起起伏伏，成年礼逐渐走向衰微。到了元代，上层阶层几乎不复存在。清代“剃发易服”的政策几乎一下子摧毁了华夏“冠带之国”的衣冠文化。

同时，我国古代的成年礼，也传入了朝鲜和日本，并且一直延续至今。在韩国，每年五月份的第三周的周一，是成年日。根据韩国宪法的规定，这一天，十九岁到二十岁之间的男孩女孩，都可以参加成人礼。女孩子要穿上韩国传统服装，行“笄礼”，将头发绾成髻，再插上簪子，后行跪拜礼。男生则行“冠礼”，还要学习如何使用韩国传统的扇子。同样，在今天的日本，也传承了我国传统成年礼的礼制。按照中国古代的礼仪，加冠日多选甲子、丙寅吉日，特别以正月为大吉。这一天，全国放假，各地都举行为年满十八周岁年轻人的祝贺仪式。年轻人都要穿上日本传统和服，到神社祭拜，以示成年。

而今天的中国，已经没有了古礼仪式。庆祝成年，每家每户各有各的方式，大多是家长、亲戚聚在一起，吃个饭，唱个K，或者开个轰趴，再去旅个游，以此作为纪念。虽说近些年也有大学校园组织过成年礼，但都没有一个标准的仪式程序，也缺乏统一的规范仪程，更缺乏深意。北宋大教育家程颐曾伤感地说过一句话，“冠礼废，则天下无成人!”成年礼的缺失，会导致许多年轻人心中意识不到自己的成年角色，忽视自己应该承担的社会责任。

昏礼

琴瑟相和，二姓合

昏礼者，将合二姓之好，上以事宗庙，而下以继后世也，故君子重之。

——《礼记·昏义》

自古“男大当婚，女大当嫁”，结婚是一个人建立自己家庭的开始，是人生中的一大盛事。今天举办一场婚礼，从定制婚纱、拍结婚照、准备婚车、挑选酒店、邀请宾客到仪式用西式还是中式等，复杂的程序背后反映的是一对新人对幸福婚姻的向往与追求。

那古人的婚礼是怎样的呢？也会选择在节假日举行婚礼吗？男子无房无车，也能娶到妻子吗？

《礼记·昏义》有曰：“昏礼者，将合二姓之好，上以事宗庙，而下以继后世也，故君子重之。”古代人结婚，并不是男女两个人的事，而是两个家族的大事，是延续子嗣的大事，所以古人在几千年的婚礼过程中，也创造出了五花八门的形式。

◎ 昏仪“六礼”

昏，即今天的“婚”。古代婚礼俗仪之繁复，非三言两语所能概述。按照周代礼制，男女结婚必须要经过“三书六礼”，才算是明媒正娶。最为经典的当然是《仪礼》中的《士昏礼》记载的内容，也是后世的婚礼范本。古代婚礼，要用到的“三书”，包括聘书、礼书、迎书。聘书，就是双方定亲时，男方家交给女方家的文书。礼书，是在过大礼时，在文书上列明聘礼的物品、数量。迎书，迎娶新娘时，男方送给女方的文书。同时还要经过六个步骤：纳采、问名、纳吉、纳征、请期、亲迎，称之为婚仪六礼。

第一道程序，纳采。

纳采，也就是今天说的提亲、说媒。“采”，选择的意思。这是男女双方缔结婚姻的第一个程序。

古代的婚姻多为“父母之命，媒妁之言”，男方家看重哪家的女子，必须得请媒人或家人的亲友，去女方家提亲。即使早已两情相悦，也不能像今天的情侣一样，约会逛街喝咖啡，先谈个恋爱再说。古人婚礼前是见不到彼此的，更不用说喜欢不喜欢了。据《周礼·地官·媒氏》记载：“男三十而娶，女二十而嫁。”事实上，历代男女结婚的年龄，一般男子二十岁，女子为十七八岁。据说汉代的婚龄提前到男子十五六岁可娶，女子十三四岁而嫁。

经媒人介绍后，女方家如果同意这门婚事，那么男方家就得派人送过去一份礼物，这一过程古人称之为“纳采”。这份礼物也不是什么贵重的聘礼，古代纳采一般送一只大雁，算是两家的见面礼，又称“奠雁”。为何要送雁？这跟今天相比，可是小巫见大巫了，这可是娶媳妇儿啊！古人与今人不同，雁在婚仪六礼中，出现频率很高，可以说是无雁不成礼。古人为何对雁如此偏爱？那是因为雁有着美好的象征和寓意。雁，是一种候鸟，有“木落南翔，冰泮（pàn）北徂（cú）”（左思：《蜀都赋》）的习惯，“用雁为挚者，取其顺阴阳往来”。冬季往南飞，夏季往北飞，南来北往，来去有时。而男属阳，女属阴，顺应阴阳和顺。古人以雁取义，送给女家为礼，实际上就是告诉女方家，应该像雁那样，适时选择所在之地了，寓意很美妙吧！

以雁为纳采，在士大夫阶层是十分普遍的。不过，毕竟大雁不是家禽，不可能都有，一般的庶人无雁为挚，怎么办？就用鹅来代替。鹅在古代，称为家雁。送鹅的时候，还要把鹅盛装打扮一番，头顶上抹一缕红，脖子上还系红绸带，可以看出先秦时期的古人，审美已然很高了！

不过后世的纳采，随着人们生活水平的提高，礼品也越来越丰富。大多以实用为主，送羊、雁、酒、黍、稷、稻、米、面等，但也缺少不了象征意义。比如羊代“祥”、鹿代“禄”、漆代“和谐”、蒲苇比喻女子的“柔顺”等，这些也都不是什么贵重的财物，但有美好的寓意。

第二道程序，问名。

如果女方家收了雁，意味着同意了这门婚事。接下来，男方家得着手准备问名，就是现在所说的“合八字”“请八字”。问名那天，《士昏礼》记载：“宾执雁，请问名。”男方家须再次携带一只大雁，到女家来问名。一趟又一趟，看似烦琐，其实，如果双方家庭都认识，也熟悉了解，问名这一步也就可有可无了。但是，如果是媒人主动来撮合的，问名则是必须的。

最初的问名，只是问女子生母的姓氏，主要是防止近亲婚姻。因为有姓氏的变迁历史，也许现在虽非同姓，祖先有可能是同姓，所以，还是要提前问问名。后世的问名，内容相对复杂一些。主要是问女子的名字和生辰八字，与男子的生辰八字，请专人占卜，看看这桩婚姻是否合适，不过一般都会得出好的结果！

第三道程序，纳吉。

占卜后，如果皆大欢喜，那么接下来，男方家还需以雁为挚，到女方家去把问名后的好结果，通知给女方家。

后世在这一环节上，还要奉上“聘书”，这就是纳吉，又称“小定”“过小礼”“小聘”。而女方家要送上回帖，表示认可了这桩婚姻，俗称“文定”。在古代，下过聘书就是明媒正娶了。在唐代，这叫“报婚书”，在宋代称作“过细帖”“插钗”，到了晚清又称为“传庚”“定亲”“换帖”“小定”，有的地方称为“龙凤帖”。

第四道程序，纳征。

“征”，成也。纳征，又称“大定”“过大礼”“大聘”，通俗一点讲，就是男方家送聘礼到女方家，为的是让婚姻关系正式确定下来。相当于后世的订婚，也是六礼中极为重要的一项，规格比之前的“纳吉”更高，更为隆重。

先秦时期的纳征，不需要送雁，依照古礼，要送布帛、毛皮衣物，主要送玄纁束帛和俪皮。何为选择“玄纁束帛”？玄纁，是两种帛，玄为红黑色，纁为浅红色，象征阴阳已备。古人认为，天之正色苍而玄，地之正色黄而纁，象征阴阳相成之义，故以服色效法天地。[注14]束，古时为量词，一束为五匹（即玄三匹、纁二匹），故曰“束帛”。而俪皮，《仪礼注疏·士昏礼》郑玄云：“俪，两也。”“皮，鹿皮也。”即两张鹿皮。

古代的聘礼，尽管五匹帛为一束，听起来是单数，但卷起每匹帛的方法，都是从帛的两头对卷的，也就是，一束帛可以被卷成两

【注14】彭林译注：《仪礼·士昏礼》，中华书局2012年版，第42页。

端。那么聘礼的五匹帛，就为十端了，是双数。而鹿皮，也为双数。由此我们可以看出，古人对昏仪的聘礼数目，讲究取双数，有配偶成双之意，这种古代习俗一直传承到今天。

秦汉以后，纳征这道程序，给女方家的聘礼较为奢侈。除了女子穿戴的彩缎匹帛、金银珠宝首饰，还外加茶果、糕点、羊、猪等。最大的特征就是玄纁、鹿皮逐步被金钱财物所取代，故又称“纳财”，以至于后世的婚礼中，男方是如此看重，而女方如此动心！

第五道程序，请期。

纳征之后，是不是就要结婚了呢？先别着急，还有第五道程序，需要男方家办，那就是请期。

男方家送完聘礼后，哪天举办婚礼，还需占卜来择定迎娶之日。得到吉日后，男方家派媒人或使者到女家商定婚期，征求女家的同意，故为“请期”，又称“选日子”“下日子”。

请期的程序，较为简单。《仪礼·士昏礼》有云：“请期，用雁。主人辞。宾许，告期，如纳征礼。”男方家仍以雁为礼，去女方家“请期”。对结婚的日子，女家表示由男方家决定就可以了，男方家才把占卜到的良辰吉日，告知女方家。这一环节，实为男方家先择好日子，再去女方家告知时间的，为何还要说成“请期”？《礼记正义》孔颖达疏："男家不敢自专，执谦敬之辞，故云'请'也。"虽然只是来女方家告知时间的，但出于礼貌，必先向女方家礼请以示谦和，故云"请期"，实为男方家的谦辞。

秦汉以后，请期形式变得各式各样，各朝代各地方加入了许许多多的元素。比如，临近婚期，男方家给女方家送"催妆礼"。普通家庭请期后，口头告诉亲朋好友嫁娶的日期，邀请亲友邻里来作客。有些大户人家还要写请帖，有身份地位的家庭，甚至还发告示，告知喜讯，邀请宾朋参加。

第六道程序，亲迎。

亲迎，是新婿亲自前往女方家迎娶新娘的仪式，俗称"接新娘"，是古代婚仪六礼中最重要最为繁杂的环节。从今人的角度看，亲迎还有两个特点：

第一，古人迎亲结婚在晚上。

按周代礼制，古人结婚选择"昏时"，也就是在晚上举行。傍晚时分去接新娘子，这就是为什么今天的"婚"在古代写作"昏"。昏，傍晚的意思。《礼记·士昏礼》有云："士娶妻之礼，以昏为期，因而名焉。"为什么会选择在傍晚迎亲呢？古代学者有几种解释。第一种解释，郑玄注释说："必以昏者，取其阴来阳往之意。"昏，傍晚，正是阴阳交互的时间点，正好选为迎亲的吉时。结婚乃是阴阳结合的大事，只有配合天地的阴阳交合，方能顺受其正，顺遂圆满，新娘因此顺之而去，故又称作“婚姻”。第二种解释，原始社会有抢婚的习俗。梁启超、郭沫若等学者认为：“昏时成婚，是上古时代抢婚习俗孑遗，因为抢婚需要借助夜色的掩护。”后来慢慢地成为了迎亲习俗，时间上也一直没改过。直至唐代，婚礼的迎亲时间才开始改为早晨，此后相沿至今。

第二，新人礼服颜色不同。周制婚礼中，新娘和新郎的礼服，都是一色儿的黑里透着红，属那种黑红色，古人称为“玄色”。这与后世穿红色婚服截然不同。为何会选择玄色？据说古代有抢婚的习俗，也许穿玄色要低调些。另一个原因，学者们认为周朝尚玄，按照五行思想，玄色也是象征着天的最神圣的色彩。

迎亲之礼

在我们的想象中，迎接新娘子嘛，应该是像后世的婚礼那样，吹吹打打，热闹一番的景象。而先秦时期的迎亲，却是不贺、不举乐，一切都在安静祥和中完成。

《仪礼·士昏礼》说：“主人爵弁，纁裳缁袘，从者毕玄端，乘墨车，从车二乘，执烛前马。”待到黄昏时分，新郎穿着玄色礼服，迎亲的队伍也均穿黑衣，车马也用黑色，随行者分乘两辆副车，前面有人拿着烛火，走在前面开道，后面两车跟随，傍晚时分，一起去接新娘子。到了女方家，新娘的父亲出门相迎。新郎进门后，走到东房前，面朝北，仍以雁为挚，献于女方家。然后，向新娘父亲行再拜叩首礼。而新娘则身穿玄色礼服，从东房出，先接受父母的一番嘱咐教导后，然后新郎照顾新娘上马车。一切完成后，新郎要亲自驾着新娘坐的马车，转三圈，之后才把马车交给车夫，自己乘坐另一辆马车走在前头。新郎要提前到达家门口，等候新娘的到来。新娘到达后，新郎带领新娘进入家门。

正婚之礼

新娘进入家门后，没有今人婚礼热闹喜庆的场面，更没有宾客筵席，不举乐，一切要简朴、安静地进行。

为何婚礼不举乐？

古今学者有诸多不同的观点。其一，《礼记·曾子问》曰："嫁女之家，三日不熄烛，思相离也；娶归之家，三日不举乐，思嗣亲也。"意思是，女儿出嫁，娘家三日不熄烛，以示思念远去的女儿。夫家也三日不举乐，安慰着思念双亲的新娘。其二，《礼记·郊特牲》解释为："昏礼不用乐，幽阴之义也。乐，阳气也。昏礼不贺，人之序也。"郑玄注为："幽，深也。欲使妇深思其义，不以阳散之也。"乐属阳，婚属阴，婚礼不用乐，以示不以阳干扰阴。不举乐，为了让新娘子来到夫家后，好好思考从今往后如何做一个好妻子。这些看似不可思议的规矩，恰恰映照出了古人重视婚姻、重视夫妇之义。不论哪种解释，整个婚礼仪式，安静中却透着庄重。

新娘进门后，接下来要举行正婚之礼，具体包括：盥洗对席、同牢合卺（jǐn）、馂（jùn）食设衽三项仪节：

首先，盥洗对席。新郎、新娘入席前，由赞者协助，先洗手洁面。然后，夫妇相互行拜礼后，对席而坐。夫坐西面东，妇坐东面西。

接着，夫妇行同牢之礼。“牢”指的是俎或者俎礼的食物。牲牢，本来多是用于祭祀的，指整只牛、羊、猪。“同牢”，指新婚夫妇要同吃一份牲牢。古时的“同牢之礼”，在新郎寝室举行，也就是在新房里面设宴共食。夫妇一起吃牲牢，表示从此成为一家人。

同牢席上的食品，一般由执礼者按照顺序摆放在同牢席上，供新人按照礼仪流程享用。《仪礼·士昏礼》中详述了“同牢席”的布置：“赞者设酱于席前，菹醢在其北。俎入，设于豆东，鱼次，腊特于俎北。赞设黍于酱东，稷在其东，设湆于酱南，设对酱于东，菹醢在其南，北上。设黍于腊北，其西稷。设湆于酱北。”

豚俎： 盛猪的器皿。一只去掉猪蹄的小猪，以及猪肺两片，肺尖两块，烹煮好放入一只鼎中。鼎中同时会有肉汁。

鱼俎： 盛放鱼牲的器皿。腊鱼放入一只鼎中。

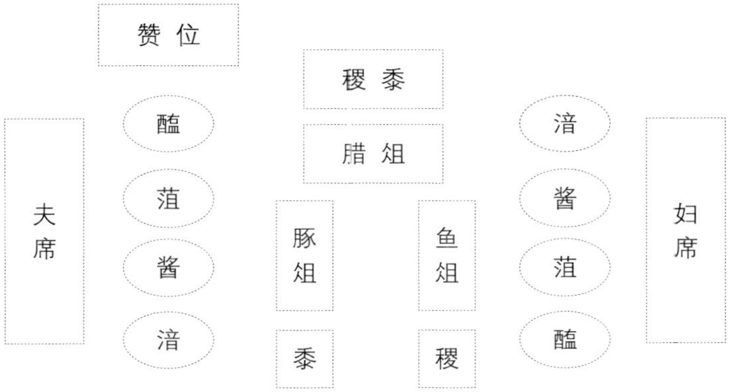

（同牢席）

醢（hǎi）：肉酱。

菹（zū）：用盐腌制的蔬菜。

湆（qì）：肉汤。

黍：今天的小米饭。在婚礼中要浇着肉酱汁食用。

稷：指今天的黄米饭，煮熟后会黏。在婚礼中也就着肉汁食用。

新郎、新娘的席前，各自都放有主食黍和稷，还有调味用的酱、菹、湆，夫妇各一份。但席上的鱼俎、豚俎、腊俎（风干的全兔），只有单独的一份，新郎和新娘需要一起食用，所以称为“同牢而食”。食用时，首先，行祭食礼，祭肺和脊。祭祀后，新郎新娘象征性地先吃一口黍，再啜羹汁，然后把肺、脊蘸上酱吃，这一过程称为“一饭”。如此共食三次，称为“三饭礼”，三饭告饱，食礼完毕。

最后，“合卺之礼”。卺，本指“一瓠（hù）所分之两瓢”，卺，谓之半瓢。就是把葫芦对半儿剖开，一分为二，新郎和新娘各拿一片，里面盛上酒，夫妇共饮“交杯酒”。这里说的“交杯”，并不是我们现在婚礼上看到的双方挽着胳膊的交杯酒，而是指夫妇两人先喝自己的酒漱口，再相互交换卺，再喝。喝过这葫芦瓢里的酒，意味着你中有我，我中有你，有两人合一家之意。也因为青葫芦瓢里的丝，有苦味，用来盛酒时酒中也会有一些苦涩，古人取义，以示新人要同甘共苦。双方饮后，将两瓢合为一体，谓之合卺。所以，“合卺之礼”本意也是提醒一对新人婚后要相亲相爱，彼此扶持，相互呵护，白头偕老，共度一生。

“同牢合卺”结束后，赞者撤除室内之烛。新郎、新娘脱下礼服，新郎要亲自摘下新娘头上的缨。缨，是一种丝绳，为男女确定婚姻关系的信物，女子订婚后，用它来束发，直到成婚之时，新郎亲手解下。婚礼完成。

◎ 婚后之礼

第一项，新娘拜舅姑。

成婚后的第二天早晨，新娘还要去拜见舅姑，也就是公公和婆婆。这是新娘进入家门的第一件重要的礼节。

新娘首先要沐浴整洁，整理好妆容。用一个器皿盛上枣、栗子、姜桂、腶脩（duàn xiū，干肉）去拜见舅姑。枣、栗，以示新妇对长辈公婆的恭敬。后来枣，又引申为早子之义。而栗，即利子的意思。

行拜礼时，新妇要双手捧着竹器，将枣栗献给舅，把腶脩献给姑。舅姑收下礼物后，新娘还要端出煮熟了的牛肉、猪肉等食品，再进献给舅姑进餐，表示新妇以媳妇的礼节孝敬公婆。最后，舅姑设食款待新娘以及女方家的人，并赠送礼物。

礼毕，舅姑从平日走东阶，换成了从西阶下堂。而新娘，从东阶下堂。我们在前面“宫室建构”章也提到过，东阶是主人专用阶，而姑舅不再走东阶，换成了新妇走，这就表明从今天开始，家里的事务交由新妇打理了，从此新妇代替婆婆成为家庭里的主妇。

第二项，祭告祖先

说到祭祀，在周朝时期，每三个月就会祭祀一次。也就是四时之祭，即春夏秋冬每季一祭。如果成婚时舅姑已经去世，就只能在宗庙祭祀，另外用“奠菜”（就是拿着祭品到祢庙中祭拜舅姑的灵位）的礼仪拜祭舅姑。《仪礼·士昏礼》云：“若舅姑既没，则妇入三月，乃奠菜。”所以“奠菜”之祭就是在三个月之内进行。到了宋代，觉得新妇拜祭三个月的时间太长了，就改为成婚后三日“奠菜”。至此，新娘就成为男家正式的成员了。

◎ 历代婚礼变化

周制婚仪六礼，一直是后世婚姻嫁娶的范本，其基本程式和主要仪节一直被古代社会沿用，直至今天。先秦时期一直承袭周制婚聘的六礼，虽有些简化，但一直承袭周制的“昏礼不贺”“昏礼不用乐”的婚俗。秦汉以后主要的特点，就是逐渐热闹起来，古人开始不再固守“三日不举乐”的古训，婚宴上通常有歌舞助兴，也有亲朋好友前来祝贺。【注15】尤其是汉代以后，社会经济有所发展，人们开始不太遵守周制婚仪的六礼了，婚礼上开始讲究排场，除了有贺客和婚宴，欢庆气氛更浓厚。彩礼上也丰富了许多，给女方家的

【注15】彭卫、杨振红：《秦汉风俗》，上海文艺出版社2018年版，第245页。

不仅有雁，还增加了合欢、鸳鸯、九子蒲、双石、蒲带、卷柏、阿胶、干漆、鱼、羊、鹿、羊、雁、清酒、粳米等。后来，随着历史的不断发展，历朝各代的婚礼内容也增减了许多不同的形式和内容。

盖头　就是一块红布，是传统婚礼上新娘的主要装饰。汉族古礼是没有“掀盖头”的古俗的，《礼记》里更没有记载。它的原型大约出现在南北朝民族大融合时期，受胡风的影响，女子出门喜欢戴一种长面纱，可以覆盖头部乃至全身，称为“幂篱”。到了隋唐时期，胡风更盛，许多贵族女子乃至大户人家的女子对“幂篱”甚是喜爱，逐渐成为一种纱帽普及开来。唐宋时期，“幂篱”逐渐慢慢地发展和演变成了婚礼上的盖头。到了宋代，才出现了真正的红盖头。当时的婚礼上，新娘盖头坐床，要请男家一位福寿双全的女亲，用秤杆挑起新娘子的盖头，后来变成了由新郎亲手掀起盖头。在北方，古时新郎要用小道具“秤杆”，来挑新娘盖头，“秤”，取谐音意为“称心如意”的意思。由于古代社会婚姻由父母包办，往往只在揭开盖头之后，新婚夫妇才互相认识真面目，双方长得是美是丑，喜欢还是不喜欢，有时候就在这挑起盖头的一瞬间。

花轿

古人接新娘子，用的交通工具是马车，直至宋代以后，才流行起人们所熟知的花轿，从此历代相袭近千年。古代的花轿分为四人抬、八人抬两种，又有龙轿、凤轿之分，轿身红幔翠盖，上面插龙凤呈祥，四角挂着丝穗，为婚礼增添了欢庆气氛。

抬轿迎娶队伍，各地各有自己的惯制。比如，有些地方，娶亲的归途中必须走另一条路，有时候要绕着路走，称“不走回头路”。如果路上碰到庙、井、祠、坟、大石、大树等，都要把娶亲的轿子遮起来，为的是辟邪。

哭嫁

新娘被搀扶上轿，或由兄长背上轿之际，新娘要“哭嫁”。对这一婚俗，不要觉得奇怪，结婚哭哭啼啼，其实一点都不犯忌讳。在今天湖南湘西地区，仍有新娘哭嫁的习俗。新娘子“哭”而无泪，声腔婉转，哭爹娘哭哥嫂姐妹，可谓是情意真切。哭嫁歌词有的代代相传，有的即兴哭唱，大多都是感恩父母的养育之恩，以及兄弟姐妹的手足之情。

却扇礼

“却扇之礼”在宋代已经是一种普遍流行的婚俗了。新娘从闺房出来，新郎是看不到新娘容貌的，因为新娘会拿着一把扇子遮着脸！迎娶至家，进了洞房，坐在床边，还得拿着。在唐代，新郎要作却扇诗，请新娘子放下扇子的意思。新娘子为何遮面？说法各一，有人说是新娘因为害羞，用扇子遮挡住脸。另外，也有说法是为了避邪。

转毡

这种习俗在唐代普遍存在。新娘花轿抬进门，新娘由人搀扶着从轿子里出来，但是脚不能沾地。夫家早就在地上铺好了红毯，新娘子直接从毡毯上进门，走进新房。

拜堂

拜堂，俗称“拜天地”，周制婚礼没有夫妇拜堂之礼，拜堂是后世婚俗中一个重要的仪式，自宋代开始流行，到了元代，拜堂仪式在夫妇交拜的基础上，加上了拜天地之礼。仪式由傧相主持，新郎新娘并排站立在喜堂前，傧相大声说：“一拜天地，二拜高堂，夫妻对拜，齐入洞房。”新娘新郎经过“三拜之礼”后，意味着女方就正式成为男家的一员了。

牵巾

唐宋时期，婚礼上就有“牵巾”婚俗。新郎和新娘拜堂时，男女两家各出一条彩缎，然后结成同心结。新郎用笏板挂住一端，新娘将另一端搭在手上，两人相对，新郎牵着彩缎的一端倒行而出，称“牵巾”。先到家庙祭拜，然后牵巾入洞房。

合髻之礼

“合髻”又称“结发”，流行于唐宋时期。合髻是新郎新娘进入新房后，各剪下一缕头发，绾成同心结式样的“髻”。这种方式到了五代有了变化。仪式中，男方坐在左边，女方坐在右边，各留出一撮头发，由男、女两家提供钗子、梳子、发带等，合梳成一个髻，即为“结发”，然后喝交杯酒。所以，后世把元配夫妻又称为结发夫妻。

交杯酒

在唐代，行合卺之礼除了沿用瓢作酒器之外，也可以用杯代替。喝交杯酒时，用红绳系住两只杯子的杯柄，夫妇一起举杯饮酒，称之为“交杯酒”。有的是各自喝一半酒之后，再交换杯子，把对方喝剩下的酒喝尽。现在婚礼上新娘新郎相互挽胳膊喝酒，不是传统意义上的喝交杯酒。到了宋代，夫妻喝完酒后，还会将酒杯一正一反掷于地上，以示阴阳和谐。

撒帐

这一风俗始于汉武帝时期，也就是在新婚夫妇入洞房坐床时，亲朋好友会把喜果，比如枣、栗子、花生、石榴、桂圆等撒向新娘怀中，或者撒在婚床上，甚至婚房内的角落也撒上，以示早生贵子、多子多福之意。

闹洞房

“闹洞房”的婚俗，据古籍资料记载，在汉代就已经十分流行。据说，亲朋好友闹洞房，可以驱除冷清之感，毕竟新娘和新郎婚前不认识，因而又叫“暖房”，可以帮着缓解两人的尴尬。还有另一种说法，古代讲究阴阳五行，女属阴，众人在新房里闹一闹，可以起到驱邪的作用。如今，有些地方仍有“闹洞房”的习俗，但内容形式充满了低俗和丑陋，甚至还发生过悲剧，对这种毫无道德底线的“闹洞房”，要坚决抵制。

我们回过头来，再看看整个周制的婚礼全过程，没有奢侈的聘礼，新婚夫妇只是“共牢而食，合卺而饮”，这就是周制婚仪之精髓所在。而且这也仅仅是在贵族士大夫阶层中实行，一般庶民往往有所精简变通，并没有后世历朝各代纷繁复杂、各式各样的仪式。如今，男女恋爱自由了，古代婚仪中的“纳征”，还一直存在，相互攀比、讲究排场、注重形式的婚礼也很常见。不过这几年，婚礼逐渐归为理性，删繁就简，这是一个好的开始。毕竟，婚姻一定是要建立在爱情之上，需要双方之间和睦相处、彼此关爱，只有这样才能使夫妻双方乃至整个家庭、家族融洽美满，好比《诗经》里的那句“死生契阔，与子成说；执子之手，与子偕老”，只要男女相悦、互谅互让，这句话就不会过时，就仍然是我们对爱情、婚姻的最高境界的追求。

古人也『相亲』

唐宋时期也有男女相亲的场面。比如上元节，也就是元宵节。这一天，城里会张灯结彩，歌舞升平。唐宋时期都有宵禁制度，但惟独上元节，大家都可以出来，不论达官显贵，还是市井百姓，晚上都会出来观灯赏月。在这样的夜晚，年轻男子借着赏灯之际，若遇见情投意合的女子，回家后会让父母到女方家提亲。欧阳修的『月上柳梢头，人约黄昏后』，说的就是上元节晚上相亲约会的情景。另外，农历三月三的上巳节，则是白天的相亲节日。每年这一天，年轻人都会纷纷外出踏青，趁河畔嬉戏、插柳赏花之际，或许就能遇到自己的意中人。

主要参考书目

（汉）郑玄注，（唐）孔颖达疏：《礼记正义》，部同鳞点校，浙江大学出版社2019年版。

（汉）郑玄注，（唐）贾公彦疏：《周礼注疏》，上海古籍出版社2010年版。

（汉）郑玄注，（唐）贾公彦疏：《仪礼注疏》，上海古籍出版社2008年版。

（清）段玉裁：《说文解字注》，上海古籍出版社1981年版。

（清）陈立、吴则虞点校：《白虎通疏证》，中华书局1997年版。

（宋）聂崇义：《新定三礼图》，清华大学出版社2006年版。

（北齐）颜之推：《颜氏家训》，中华书局2007年版。

（汉）司马迁：《史记》，张大可译，商务印书馆2019年版。

杨天宇：《礼记译注》，上海古籍出版社2016年版。

杨天宇：《周礼译注》，上海古籍出版社2004年版。

彭林：《仪礼译注》，中华书局2012年版。

杨伯峻：《论语译注》，中华书局2006年版。

买靳：《新编仪礼图之方位图》，中州古籍出版社2016年版。

曹建墩：《中国祭礼》，南京大学出版社2014年版。

曹建墩：《先秦礼制探赜》，天津人民出版社2010年版。

吴十洲：《两周礼器制度研究》，商务印书馆2016年版。

李亚明：《考工记名物图解》，中国广播影视出版社2019年版。

钟基、李先银、王身钢译注：《古文观止》，中华书局 2014 年版。

彭卫、杨振红：《秦汉风俗》，上海文艺出版社 2018 年版。

杨宽：《古史新探》，上海人民出版社 2016 年版。

吴玉贵：《隋唐五代风俗》，上海文艺出版社 2018 年版。

许嘉璐：《中国古代礼俗辞典》，中国友谊出版公司 1991 年版。

尚秉和：《历代社会风俗事物考》，江苏古籍出版社 2002 年版。

丁广惠：《中国传统礼仪考》，黑龙江教育出版社 2016 年版。

彭林：《中国古代礼仪文明》，中华书局 2004 年版。

沈从文：《古人的文化》，中华书局 2013 年版。

宣炳善：《民俗文化——民间饮食习俗》，中国社会出版社 2006 年版。

吕思勉：《中国宗族制度小史》，知识产权出版社 2018 年版。

钟敬文主编：《民俗学概论》，上海文艺出版社 1998 年版。

陈勤建：《中国民俗学》，华东师范大学出版社 2017 年版。

王丽娜主编：《中国民俗文化》，北京线装书局 2016 年版。

叶涛：《中国民俗》，中国社会出版社 2006 年版。

王宁主编：《中国文化概论》，湖南师范大学出版社 2000 年版。

孙培青主编：《中国教育史》，华东师范大学出版社 2019 年版。

彭林：《礼乐人生》，上海文艺出版社 2015 年版。

孙立群：《中国古代的士人生活》，商务印书馆 2014 年版。

阎爱民：《中国古代的家教》，商务印书馆 2013 年版。

罗哲文：《中国古代建筑》，上海古籍出版社 1990 年版。

沈从文：《中国古代服饰研究》，上海书店出版社 2017 年版。

顾凡颖：《历史的衣橱》，北京日报出版社 2018 年版。

高格：《细说中国服饰》，光明日报出版社 2005 年版。

（清）曹雪芹、高鹗：《红楼梦》，人民文学出版社 1992 年版。

鲍宗毫：《婚俗与中国传统文化》，广西师范大学出版社 2006 年版。

〔日〕吾妻重二汇校：《朱子家礼・宋本彙校》，上海古籍出版社 2020 版。

图书在版编目（CIP）数据

礼仪中国 / 海英著．—北京：北京师范大学出版社，2021.10（2023.5重印）
ISBN 978-7-303-27317-1
Ⅰ．①礼… Ⅱ．①海… Ⅲ．①礼仪－中国 Ⅳ．① K892.26
中国版本图书馆 CIP 数据核字（2021）第 204892 号

礼仪中国
LIYI ZHONGGUO
海 英 著

策划编辑：张雅哲　祁传华　　责任编辑：祁传华
美术编辑：王齐云　　装帧设计：王齐云
责任校对：段立超　　责任印制：赵　龙

出版发行：北京师范大学出版社
印刷：北京瑞禾彩色印刷有限公司
经销：全国新华书店
开本：730mm × 980mm　1/16
印张：22.25
字数：200 千字
版次：2021 年 10 月第 1 版
印次：2023 年 5 月第 3 次印刷
定价：88.00 元

北京师范大学出版社（集团）有限公司

http://www.bnup.com
北京市海淀区新街口外大街 12-3 号
邮政编码：100088
营销中心电话：010-58805602
主题出版与重大项目策划部：010-58805385

版权所有 · 侵权必究

反盗版、侵权举报电话：010-58800697
北京读者服务部电话：010-58808104
外埠邮购电话：010-58808083
本书如有印装质量问题，请与印制管理部联系调换。
印制管理部电话：010-58808284